繪圖陽宅大全

上海會文堂書局

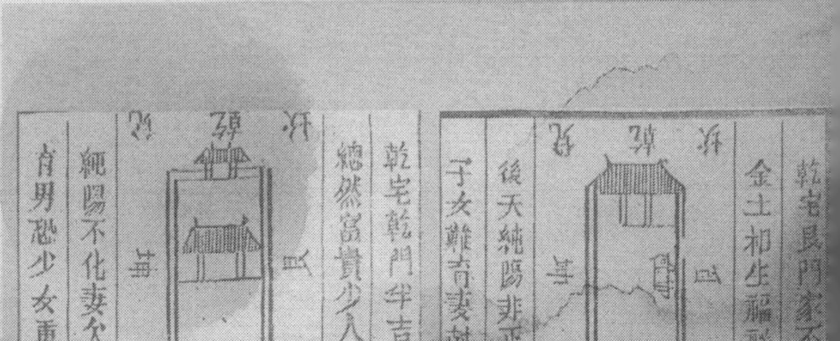

神而明之存乎
人推而行之爲之通，
惟能變通，則吉凶徵應方準。
庶不致差之毫釐，謬以千里也。
語雖俚而理精，言雖近而旨達，
參以圓機則趨避有定，
亦獲福不爽矣。

華夏出版公司本著「弘揚傳統文化，好書永世流傳」的理念，因舊版圖書年代久遠，囿於時空因素，在尚未能聯繫到原著作人並取得同意下，重新出版了這本著作，如有侵權，敬請著作權人或其親友和華夏出版公司聯繫，謝謝您。

陽宅滙易圖九宮序

憶昔賢豪蔚起星聚於奎山水交輝神生於甫來詰敦厚爰求賢主之尊對向端嚴乃得嘉賓之佐不然孟母三遷胡爲擇鄰而處周公考卜又胡爲澗東瀍西也哉惟是形勢吉凶其理至與在人之善用不善用耳卽如易中陽多吉陰多凶又須看他所處之位何如若當居而不居與不當居而居之雖陽亦凶不當居而不居與當居而居之雖陰亦吉由此觀之九

宮方位之辨五行生尅之理宜參活看余每宅分爲九宮法取坎一坤二震三巽四中五乾六兌七艮八離九爲序即係一白二黑三碧四綠五黃六白七赤八白九紫之義無論城邑村鎭地基形勢各辨九宮各具五行俾吉凶之理活若盤中之珠荷上之露以爲有定在也不得以爲無定在亦不得也如坎宅坐乾屬金水賴金生但恐金多水濁坐艮屬土土能尅水然遇水多上流離宅坐巽屬木火賴木生但恐木多

人熾坐坎屬水水能尅火然遇火多水熱震宅坐坎
屬水木賴水生但恐水多木漂坐兌屬金金能尅木
然遇木堅金缺乾宅坐坤屬土金賴土生但恐土多
金埋坐離屬火火能尅金然遇金多火熄坤宅坐離
屬火土賴火生但恐火多土焦坐震屬木木能尅土
然遇土堅木折可見五行生尅之理活看爲妙神而
明之存乎人推而行之爲之通惟能變通則吉凶徵
應方準庶不致差之毫釐謬以千里也因將每圖之

禍福逐一詳明並以七言爲句切指休咎語雖俚而理精言雖近而旨遠人能守此程式參以圓機則趨避有定亦獲福不爽矣倘遇識見高明加以訓詞實余之所深望也夫

乾宅八門圖

乾宅乾門半吉凶
總然富貴少人丁

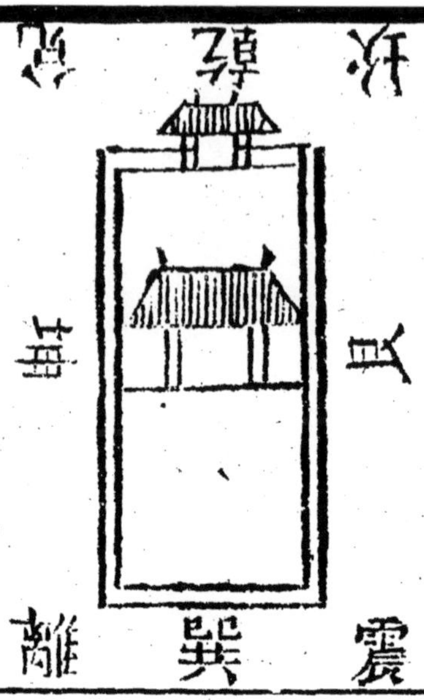

純陽不化妻欠利
有男恐少女重重

乾宅坎門凶事來
勞傷吐衄血敗財

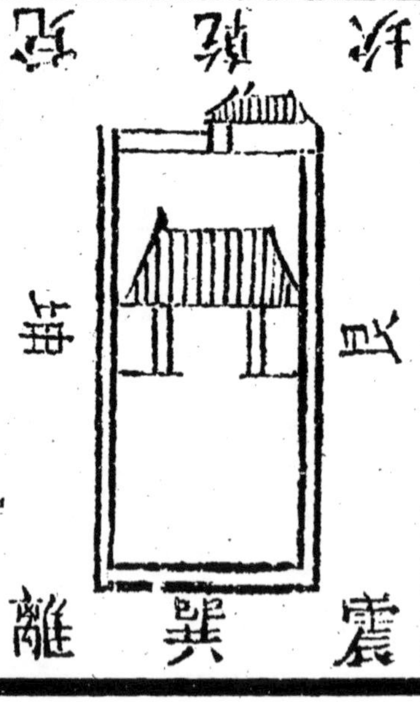

獨陽不生正謂此
若要添丁坤門開

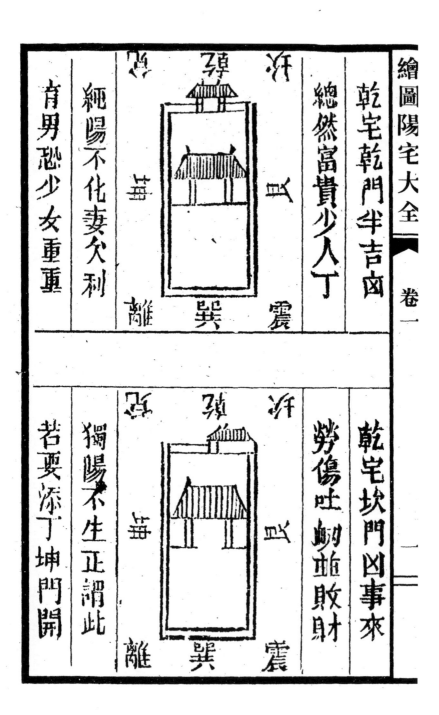

乾宅艮門家不貧
金土和生福祿巾

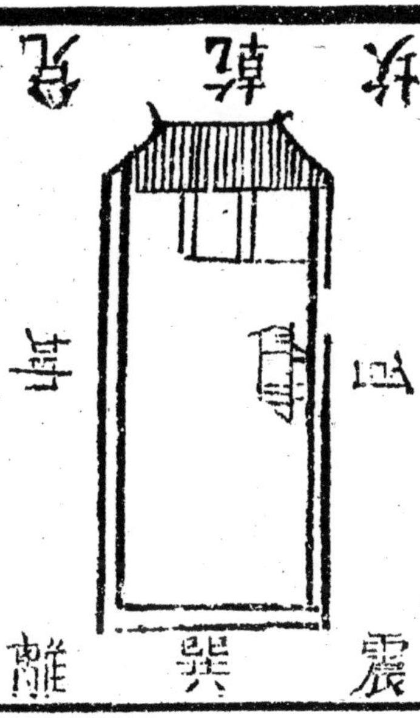

後天純陽非正配
子女難奇妻尅頻

乾宅震門長子殃
災禍連值田地荒

金木相尅肺肝病
傷筋損骨少年亡

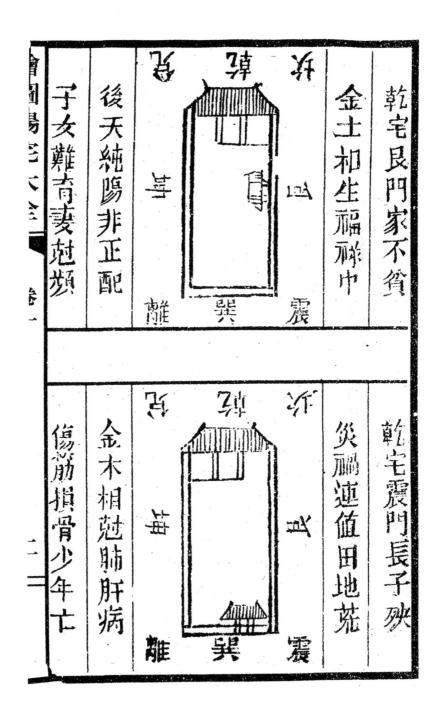

乾宅巽門長婦傷
子女不育禍難當

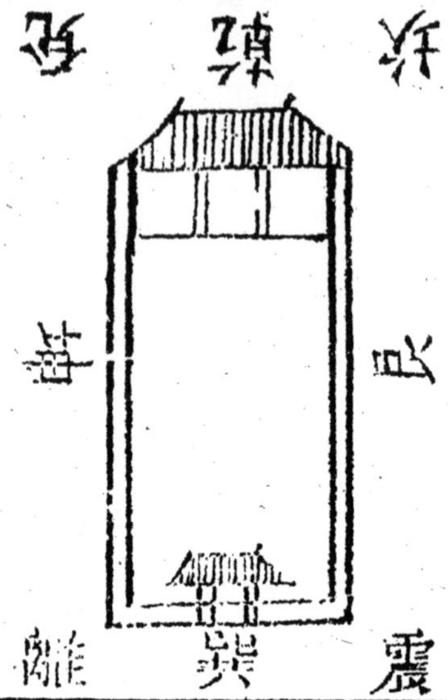

豈獨老翁身失正
婦女多淫好艷妝

乾宅離門老翁殃
不逢火災定懸梁

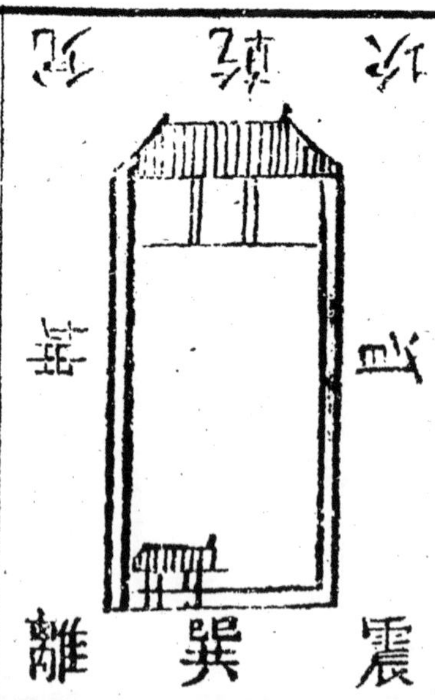

吐血嘔血人人有
丁財可憐日漸亡

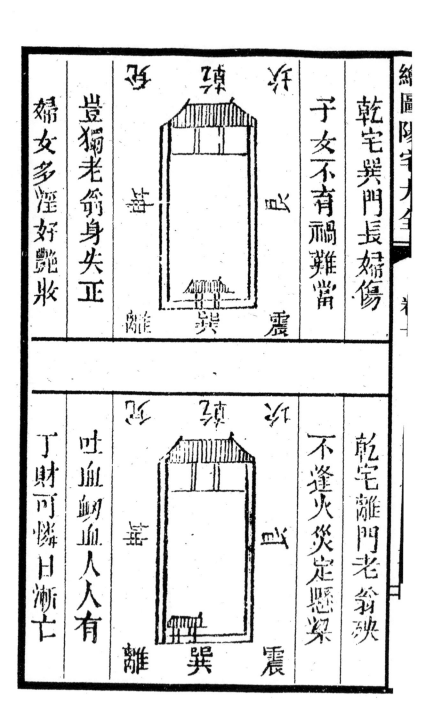

乾宅坤門吉無疑
夫妻正配諸事宜

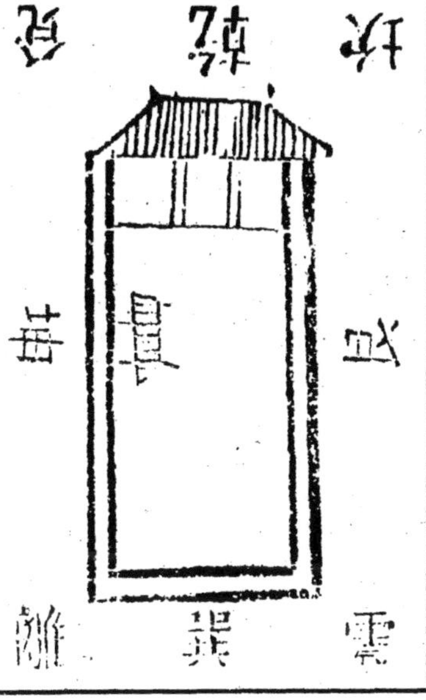

富貴雙全還高爵
丁財俱旺人稱奇

乾宅兌門富貴家
一金比和福壽餘

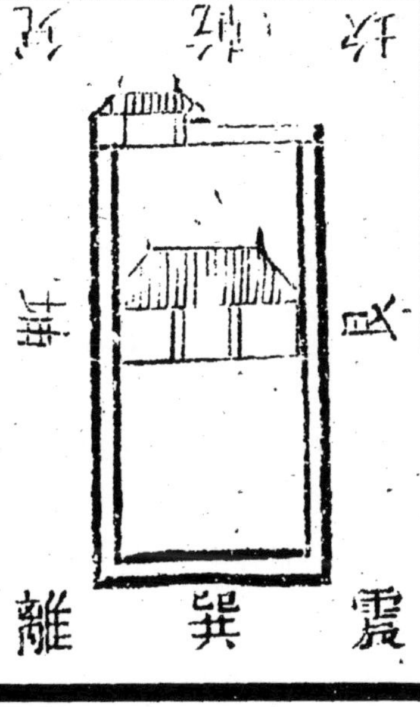

先天後天不相配
木不結實但開花

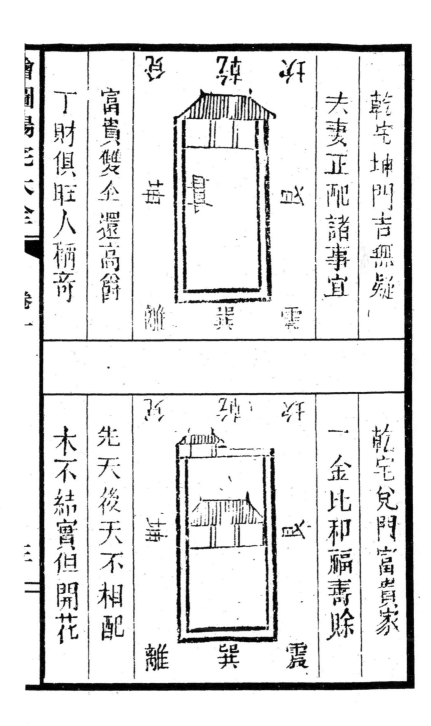

以上八圖係乾宅八門應驗因陰陽老少之配明五行生尅之理吉凶禍福皆本八卦推斷每圖書一主一門者使人見之即曉不致混淆苐宅舍形勢不同圖式之變難以悉載總以活看爲妙如遇前高後低有廂無正或作巽論或作艮坤論不可拘拘以地基坐乾而楔爲乾宅也

乾宅九宮圖

乾坐坎宮全氣弱
先發後敗漸剝落

水蠱殘疾並血症
老翁中男多陽脫

乾坐坤宮土生金
父母壽高富貴深

如闘久遠家業厚
須得利中水相臨

乾坐震宮金尅木
傷人連綿並損胥

長男乏嗣多賊盜
高出四衆子孫獨

乾坐巽宮木有傷
老翁弗正長婦亡

損丁敗財女多疾
家道不和淫行彰

乾坐中宮金懷土
父母壽高家業普

若求丁財得延綿
必須四水抱門戶

乾坐乾宮陽過亢
老翁壽高丁不旺

欲求富貴妻子利
還要坤兌起峰嶂

乾坐兌宮金協和
資財六畜昌盛多

婦女賢孝妾生子
還要坤艮同相羅

乾坐艮宮金自生
財帛進益六畜成

後天純陽女多疾
庄舍縣靠凶變榮

乾坐離宮金逢火
老翁損傷婦女災

欲辭咳嗽吐血症
坤遇山林吉慶影

以上九圖論乾宅坐宮應驗皆從予親身閱歷得來大而推諸城邑小而推諸村鎮其合此者吉凶禍福不爽毫髮第方隅偏正不一高低大小各別幸無泥此活法活想也

乾宅按驗

一乾宅震門坐村正東二進院街房係樓房中庭後庭俱低行走西邊過道愚按此宅應以巽宅論巽主震門陰陽相配巽宅坐震木星得令可許富貴雙全丁財俱旺但過道居西坤兑尅洩震巽之氣定然長房衰弱妻子凋零余令宅主過道改北取水潤艮土生木之義後來果得平安

一乾宅巽門坐落村乾四合頭院主房低小二門太

高左右耳房係樓愚按此宅乾坐坤宮金星得位
可許富貴但乾主巽門金去尅木妻子不利耳房
高大欺主太甚又應老翁多疾且二門過高遮蔽
陽光更主多女少男幸門偏震宮主坐坤位老翁
不至於滛余令宅主高起主房拆去二門大門改
坤後來果得平安
乾宅震門居左正東四合頭院一左之水俱到宅
前左右環抱而去愚按此宅金尅震木長子有損

金臨木位長男必絕幸得金宅土體三子可旺左
右收盡庄上一帶之水理應富貴綿遠余令宅主
改成艮宅兌門後來果得全吉
一乾宅兌門坐落村西兩廂低小兌方隣房高大坤
艮隣房矮矬一村之水到門前盡歸宅西池內愚
按此宅乾坐兌宮金星得令面前收村一帶之水
定主大富大貴但坤艮不旺乾兌並高先天純陽
金多土洩又應損子刑妻多女無男余令宅主艮

方修樓以配兌坤方安門以配乾後來果得四丁

一乾宅乾門坐村正中高出四隣門外有大糞坑數個兌方樹圍甚旺愚按此宅乾坐中央金賴土生高出隣房八面朝護可許富貴雙全但乾兌並茂老翁少女當令多女少男門外糞坑正居乾位又應世世出丞余令宅主門移坤方塡補此坑後來發丁果無寡鬟之人

一乾宅離門七間寬一進院其家婆媳五人俱係寡

居後換人住前截又修一層愚按此宅昔係離門火尅乾金婆媳應寡今變坤門土生乾金父子主壽後來果旺丁財又富又貴

一乾宅三院俱係樓房各五間寬各一進院中院開巽門西臨大路乾方有土地堂向南坤方有觀音堂向西門外巽離之間有龍王廟亦向西水路從乾來轉坤轉離至龍王廟前向南而去愚按此宅金主木體家業豐厚乾水入巽老翁不正人問其

詳余曰洛書之中五爲土河圖之中十爲土三院各五數金遇土也故曰豐厚乾方土地比老翁坤方觀音此老毋巽離龍王卽長女與中女乾廟之水向南來而坤廟向西不管巽離之廟乘勢來迎而震艮之水向東不交是老翁配其二也故曰不正衆稱余斷之奇

一乾宅巽門七間街房六間對廂主房三間寬在北南邊四間係空地愚按此宅應以坎主論巽門來

配丁財可旺但主氣不振爲兩廂所欺理應先傷老翁離火太旺又主中女刀惡幸廂房六數主厛三數水木相生定旺子孫不可執以金尅木看問之皆應

一乾宅午門亥山巳向七間寬一進院後門在子壬方有水坑甚大愚按此宅前門遇火尅後戸遇水沉且門係山之官鬼山係門之曜煞門主相鬭互見刑傷定犯賊盜屢屢命案重重家道不和六畜

常損及午係向上沐浴更主男女俱淫妻子並亡
年逢子午巳亥其凶多應問之俱驗
一書房乾宅坤門居村西南門外有河水相抱河外
有山嶺相環懸按此學乾主坤門陰陽得配乾坐
坤宮金土遂生定然師徒協和功名大利門外之
水流若金城水前之山環如玉帶更許師徒聯登
發科出仕問之果然
一書房乾宅離門一進院主房五間寬兩廂各三間

門外三尺餘地正對寨墻東靠寨門門上係樓愚
按此學火旺金衰定主屢喪師長門外地基短促
久有寨墻遮蔽更主功名難成眼目多傷衆問其
詳余曰離火來尅乾金震方木旺助之爲禍且門
外純陰不見陽光離爲文明之地又爲目故以此
論不可拘以金尅木看

一乾宅坎門居村正北四合頭院門外有坑一村之
水盡歸於此坑內愚按此宅收盡一帶之水定主

大富但陽氣過盛婦女不利且水居旺地而又坎門以臨之更主人被水死又乾坐坎宮水多金況老翁亦應損傷衆稱余斷之奇

一乾宅坤門居左東南水口之地門外山水相反愚按此宅門前山水反弓無情定主男女俱淫娼賭不免又應老翁不正長婦夭亡幸宅把水口坤門得配不至貧絕問之如余所見

一南房乾宅巽門水出午方正對路口貞宮開有角

門主房係樓坤兌隣房亦樓餘皆平房愚按此舖
坤兌高昂金土旺相理應財源茂盛但水口冲午
爲巽向沐浴之地且乾巽相配五陽而遇一陰定
主同夥浪蕩因姦致禍主樓高大金木相尅又應
東主任性舖內不和艮位角門雖係相生之地然
遇巽門制之無權亦不爲吉寅午戌年三合吊動
其凶多應衆皆敬服
一市房乾宅巽門門外隣房高低錯橫南方隣房高

起餘犬內外之水俱出申宮愚按此鋪乾金尅木
離火尅金同夥多犯爭鬬離墻太高遮蔽陽光鋪
內屢見傷目且乾山巽向中係向上黃泉內外之
水同歸此地更主多喪成器之人對門高昂不等
錯橫不齊又應財帛漸消外債難討問之俱應

一乾宅離門內外坤兌高大宅外震艮空缺門外有
閣斜射其門有水自坤來到門前順閣流去愚按
此宅乾主離門火尅乾門老翁難言壽高陽方振

小陰方過盛婦女多犯寡居門前水路離鄉順流

閣下直去又應子孫逃走寡婦改適衆皆敬服

一乾宅巽門門外係樓一間與主樓正對門外有隣

樓山墻亦阻其門懸拨此宅乾主巽門配合不倫

且內外巽樓冲動老翁定然閨門不潔老翁不正

其家果不堪聞

一乾宅兌門居村正南南方山嶺甚高北方宅舍甚

下街房係樓主房低小懸拨此宅當以巽主論巽

主兌門後天純陰定主寡婦才惡男子少亡兌門來尅巽木離山來尅兌金又應妯娌不和傷財敗丁北方水弱離火無制少婦必犯刑傷巽臨火位兌金無權長婦不至天折衆稱余斷之奇

坎宅八門圖

坎宅乾門主敗財
虛勞吐血一齊來

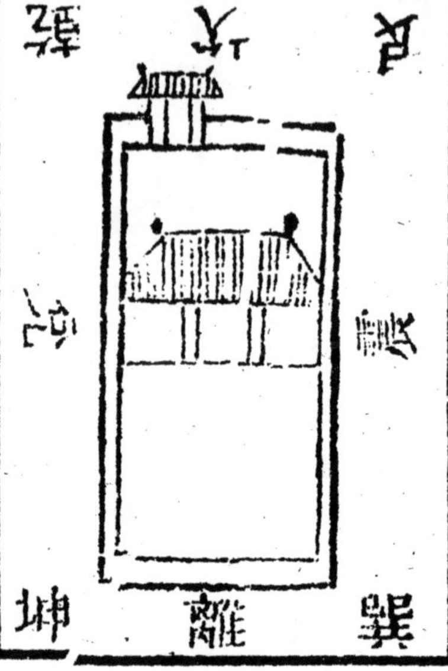

老少純陽妻子損
離兌水滄詞訟災

坎宅坎門子蕩搖
生財發福子不舉

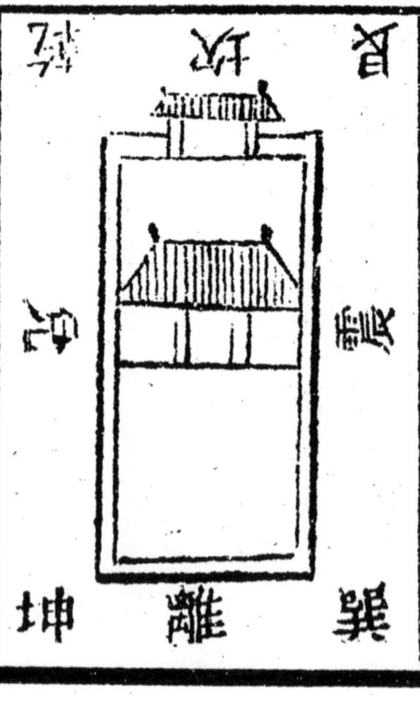

初年富貴尅妻後
別與長中二子拋

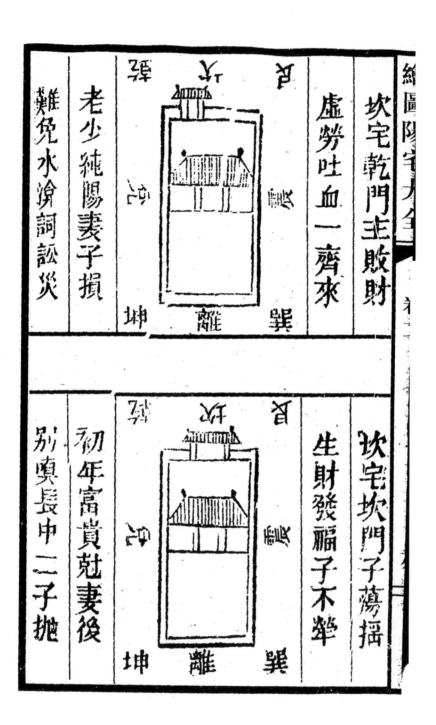

坎宅艮門丁財弱
妖邪吊縊口舌多

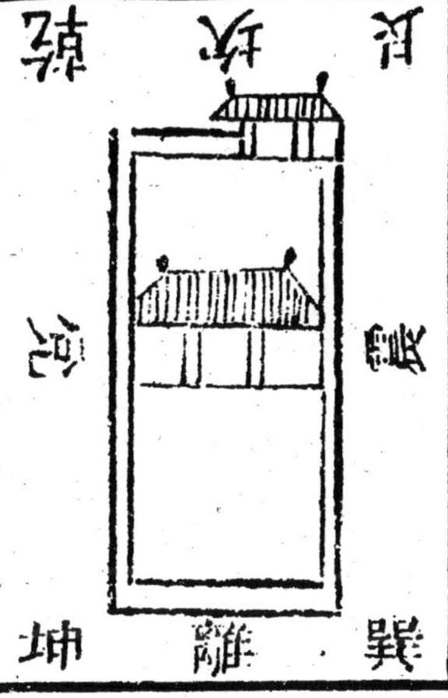

小兒偏向驚風死
兄弟鬩墻家不和

坎宅震門家不窮
水大木漂長男空

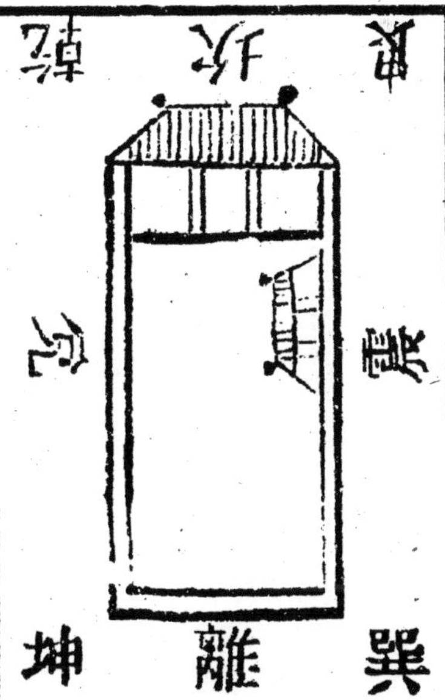

初年富貴後日敗
後天純陽妻子凶

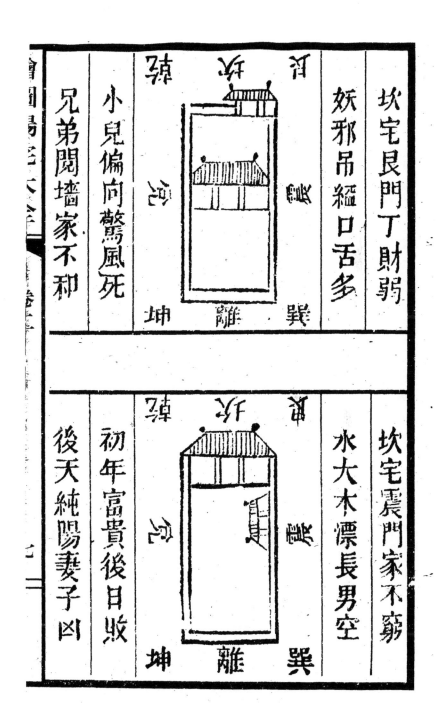

坎宅巽門子孫榮
皆因木水兩相生

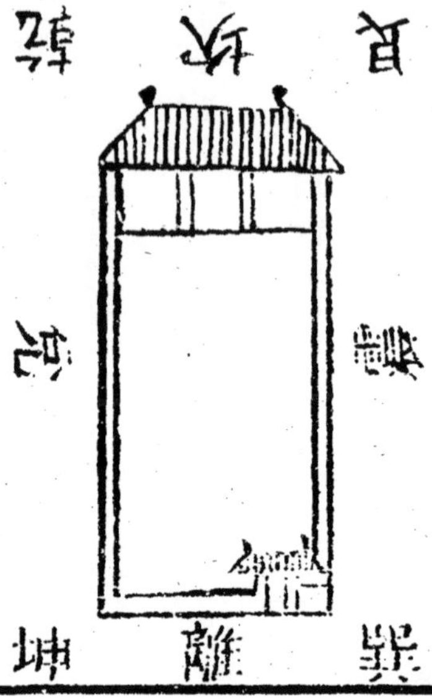

榮甲富貴多賢孝
世世科第見文明

坎宅離門富貴家
文士武將如雷發

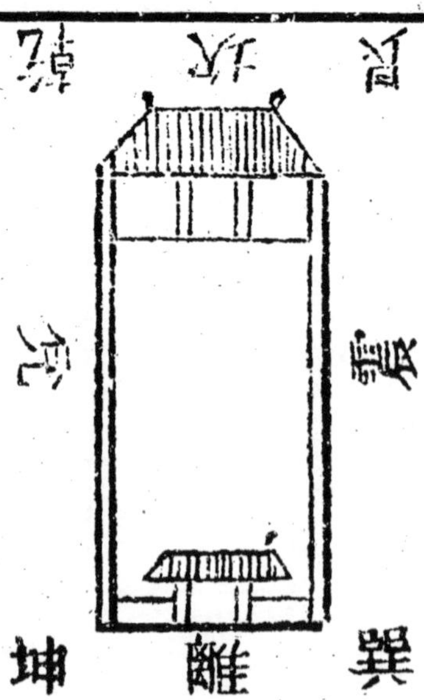

先後陰陽得配處
福祿丁財不相差

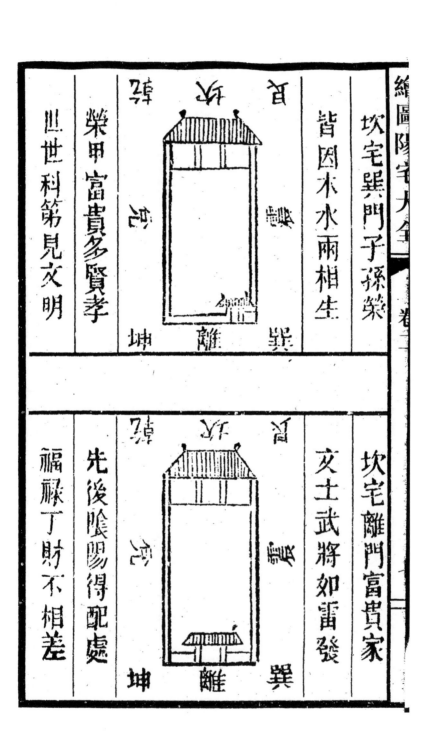

坎宅坤門母當家
中男死絶子聾啞

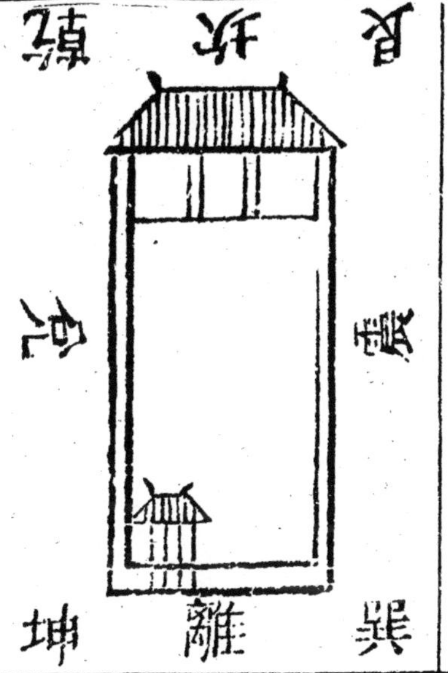

上德未宮尅水盛
勞疾屢屢並多寡

坎宅兌門配非當
尅洩長男坐婦喪

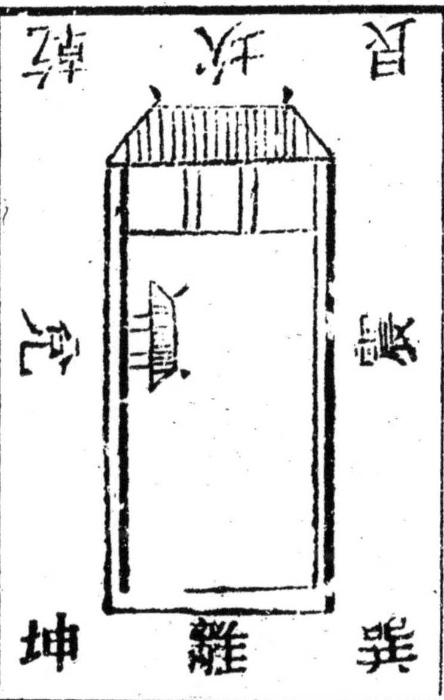

官事口舌水內死
虛勞吐血子蕩枉

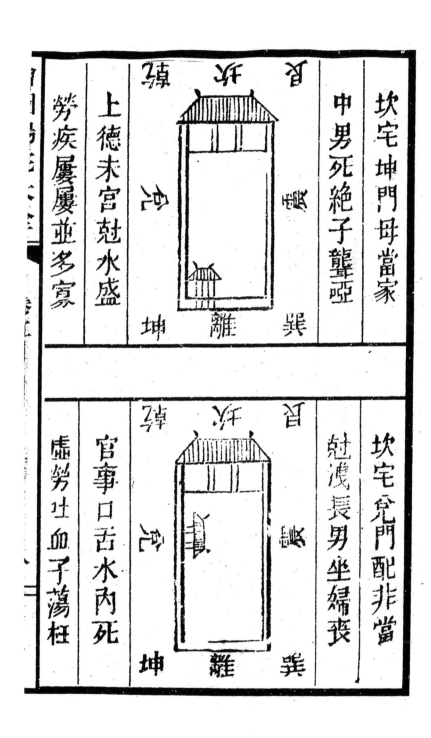

以上八圖係坎宅八門應驗因陰陽老少之配明五行生尅之理吉凶禍福皆本八卦推斷每圖書一主一門者使人見之即曉不致混淆第主舍形勢不同圖式之變難以悉載總以活看為妙如遇前高後低有廂無正或作離論或作震兌論不可拘拘以地基坐坎而概為坎宅也

坎宅九宮圖

坎坐坎宮水永利
小兒難養婦女弱

要圖丁財得綿遠
宅前四面水來多

坎坐坤宮土尅水
老母持家不全美

欲無聾啞腰脚病
兌水環抱震高壘

坎坐震宮水木生

丁財旺相富貴榮

欲求福祿得綿遠

還要木旺震巽豐

坎宅巽宮水得地

家業豐厚子孫利

但恐震弱漂枯木

節婦臨門重風勢

坎坐中宮水土煎
損丁敗財世单傳

若求富貴去義子
左右水抱到面前

坎坐乾宮生不倫
先發後敗損陰人

欲圖丁財兩相旺
必須乾坎靠山林

坎坐兌宮生非宜
先吉後凶丁財離

金風吹宅少婦喪
急修西院吉可期

坎坐艮宮水見傷
家道不和小兒殃

後天純陽陰人損
加有丁財震方昌

坎坐離宮得既濟
富貴雙全文武第

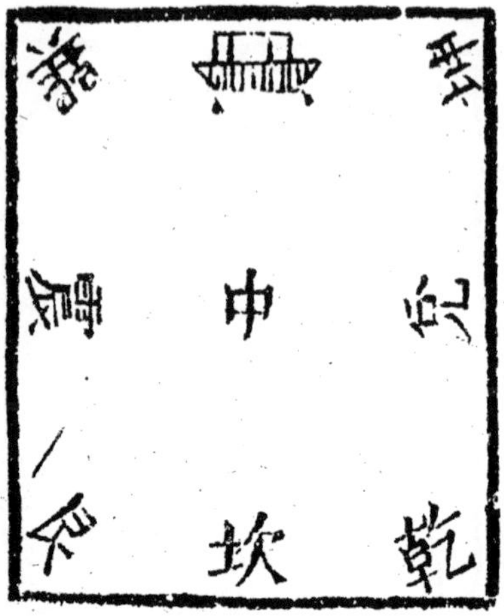

欲圖福祿得常久
而前山水環抱勢

以上九圖論坎宅坐宮應驗皆從予親身閱歷得來大而推諸城邑小而推諸村鎮其合此者吉凶禍福不爽毫髮第方隅偏正不一高低大小各別幸無泥此活法活相也

坎宅按驗

一坎宅巽門居村之北門外東無夫路向西行走約數丈轉南坤離鄰房並高震艮空缺愚按此宅坎主巽門水木相生坐落坎宮水星當令理應富貴綿遠但坤氣旺相來尅坎水離方高大坤土有權又應老毋壽高多女少男門前出入收盡西方一帶陰氣更主小兒難養多生少成余令宅主向東開路取震方陽氣來朝以制坤土後來果生二子

一坎宅坤門五間寬兩進院巽方缺角中庭高大後主低小前無東廂東鄰有火神廟甚高愚按此宅以門首論坤方屬土土來尅水以主房論中心屬土土盛亦尅坎水定主多犯虛勞中男死絕東方木星雖旺而火神居震洩盡其氣又應發達不久長房衰弱坎坐中宮土氣太盛更主多生愚魯聾啞之人余令宅主修起東廂高起後主街房東間補起開門後來果吉

坎宅坤門居村之東南房高大主房低小東臨大路林木甚旺南隣係樓水路自乾來轉艮轉震至巽而東門前水分八字愚按此宅坎主坤門土尅坎水南方丙外俱高離火太旺定主中男夭折多遇火災宅後水路裂頭門前水分八字又應家道不和屢犯吊縊幸坎坐震宮林木茂盛不至貧絶余令宅主改成震門變爲離宅取體用木火相生門前水路環抱後來果得平安

一坎宅居村正南兩所各一進西院三間寬無東廂東院兩間南屋餘係空地愚按此宅坎坐離宮水火相濟巽方高大木火通明可許功名顯達長婦賢孝但東方空缺震巽不配難免終年守節余令宅主兩院各修東廂後來果旺人丁

一坎宅離門居村正北三間寬三進院一門高大出入東邊過道後院無主房南方臨山甚高北方有河稍遠愚按此宅南山火氣有餘坐宮水氣不足

定主速發速敗多女少男幸坎坐離宮水火相濟路
過道居東水木相生不至於絕余令宅主拆去二
門變爲離宅坎門取坐山朝水主盛實弱後來丁
財俱旺

一坎宅巽門居村正西門前鄰房破碎北方臨山甚
高東山稍平南山微低西方空缺懸拨此宅山水
環抱賓主有情可許富貴雙全子女俱榮東方不
氣旺相且有逆水來朝又應長門興隆丁財綿遠

但坎臨兌宮水多金沉西方無隣金風吹宅少男不免剋妻門外破碎坎離不配中女難言壽高余合宅主大門改離西院修起數間羣房後來果得全吉

一衙署坎宅離門東西北隣俱係衙署大堂之前地基短促兩配俱無儀門之外街道窄狹兩水不交東隣艮合向東南隣亦係東邊之水向南出巽西邊之水向西出坤愚拨此署堂前拜臺短促獨立

無配定主政令不行子孫難養門前餘氣不長水
分東西又應久任失職書役晉嫡南隣離宮雖配
但背主不顧東方震氣雖旺奈向外無情更主同
寅不和書役詭詐左水直行出巽地右水斜飛流
坤方難免公差賠累晝夜不安幸居三署之中耳
目昭然可許清廉直正問之如余所見
一衙署坎宅離門門外短促南方地基甚高民舍高
過大堂丈餘巽離坤方有水來朝盡歸衙署東北

坤艮俱有樓閣愚按此署坐空向滿面前收盡一帶朝水定主稍食厚祿但門外短促南方過高來水疾而去水速又應出不抵入賠累窮苦且貧强主弱陽光遮蔽窈恐書役不良公差難支坤艮並高土盛魁坎水更主壁邊不利民人刁惡問之如余所見

一書房坎宅離門居村東南三間寬兩進院較之隣房稍高南有一帶山冢愚按此學坎主離門陰陽

得配坎坐巽宮水又生木主師徒和合學業進益高出四眾不為眾星所奪南山環抱且見陽水來朝又應功名顯達師徒聯登問之如余所見

一武學坎宅離門東隣灘高南有一行羣房較主房高低相似隣房之南有文昌閣正坐丁仁愚擬此學坎主離門水火相濟南隣相似賓主有情可許功名顯達師徒俱利文昌正坐丁方文星得位豈方木氣旺相木火過生又應聯登科第國家棟梁

衆皆敬服

一坎宅巽門居村之東門外路南有廟廟路斜冲其門南房甚高主房低小正南有一行羣房稍遮羣房之南又有一大山案愚按此宅門路沖廟吹鬼入室定主婦女風狂見神見鬼南方火氣有餘北方水氣不足又應寡居當家速發速敗幸坎坐震宮陽氣旺相不至於絕余令宅主高起主房改爲離門取水火相濟陰陽正配初安武學得志甚多

後換人任更發科甲

一坎宅居村正中兩院各三間寬客兩間寬西院開坤門東院無主房巽有水池甚大一村之水盡歸池內村東衰弱村西旺相愚按此宅東院低小西院高大出收西南之氣入收西北之氣應以乾論不以坎論乾坐中宮金遇土生坤門來配收西方一帶旺氣亦池居巽收庭上一帶之水可許富貴綿遠丁財茂盛東院若修主房必主敗絕人問其

詳余曰東院立主戌坎體矣仍由此門坤尅坎水不爲吉也如改離門門外破碎亦不爲吉若開巽門收村東一帶衰方之氣其凶更甚故曰敗絕後來俱應

一市房坎宅離門子山午向水出西北南屋高大壯屋低小西隣隍廟門外之水從東轉坤盡入廟內愚按此舖火局駐向水歸辛戌門前環抱陽水來朝理應財源茂盛富貴綿遠但前高後低主氣衰

振窮恐東主衰弱小夥强霸乾臨廟煞水犯劍流
又應同事不和欺哄東主問之如余所見
一道房坎宅離門門外水路斜飛西方角門通大殿
東墻甚高墻外無隣恐按此宅以先天論乾坤相
配以後天論坎離相配東方空缺陽氣不振且有
高墻遮蔽西方高大陰氣太盛又有門路相通定
主道人浪蕩貪酒好色水路離鄉斜飛無情又應
住持貧窮逃走還俗問之如余所見

一坎宅巽門兩隣係樓門外有廟水路從東轉西流至坤方而去坤兌二方亦有高廟愚按此宅門外有廟正沖其門巽風吹鬼入室多出風狂吊死之鬼坤兌有廟水路又去沖動凶應婆媳受傷主氣不振三廟欺壓必生愚魯之子兩隣並高金木交戰更主家道不和子孫忤逆不可拘以門主得生而概爲之吉宅衆皆敬服

一坎宅離門居村東北一進院主房高大外應甚遠

愚按此宅坎遇艮宮水遇土尅四鄰無助八面風吹定主敗絕人問其詳余曰陽宅之吉凶出於河圖河圖之數有內有外有生有成是宅外應甚遠生數不能以統成數氣散不聚四方不收之宅故以絕斷不可拘以門主得配而概爲之吉宅

一坎宅巽門居村之東主房低小南隣係樓坤兌隣房亦樓乾有水來轉巽而去東方有路其形環抱

愚按此宅坤兌並高陰氣過盛定主多女少男寡

婦當家離方太旺遮蔽陽光又應眼目失明乾方
有河沖動巽宮順門直去更主富而好淫閨門若
不清幸坎坐震宮水能生木東方環拘水路有情
長房不至衰弱問之俱應

一坎宅離門居村正北三進院後臨大山樹木甚多
南有一行羣房坤有川冢甚大東隣微盛西隣懸
按此宅水木俱旺木得生也木火俱旺火得明也
坎離得配又水火旣濟也定主富貴雙全丁財俱

旺或曰坤方有山何以不凶余曰坎坐坎宫水星
當令坎山高大甚近坤山低小稍遠水多土流不
能爲禍且坎爲坤主七赤之地七赤之金又生坎
宅一白之水此山形圓屬金金能生水可可拘以
上尅水論眾稱余斷之奇
一市房坎宅離門兩進院五間寬中庭甚高前無廂
房後無主房坤方震方有隣樓數十餘間愚按此
宅前庭土氣有餘後院水氣不足定然東主夭折

吐血虛勞坤方土盛來尅坎水震方大盛去尅坤
土又應同事不和傷丁敗財問之果然

艮宅八門圖

艮宅乾門金土生
旺丁旺財福祿星

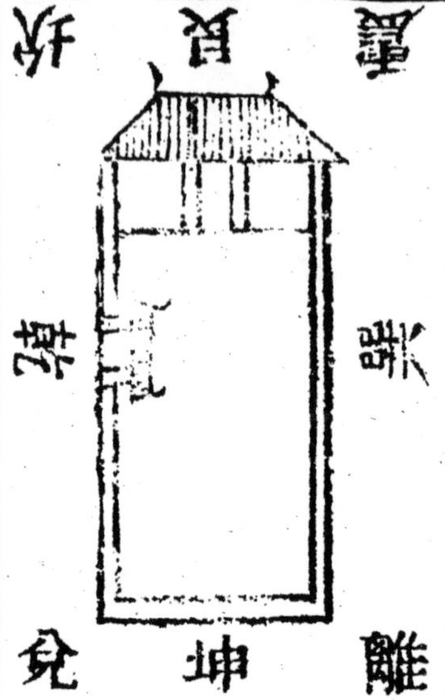

後天純陰不相配
窮恐妻室漸凋零

艮宅坎門不相合
小兒難養家業脫

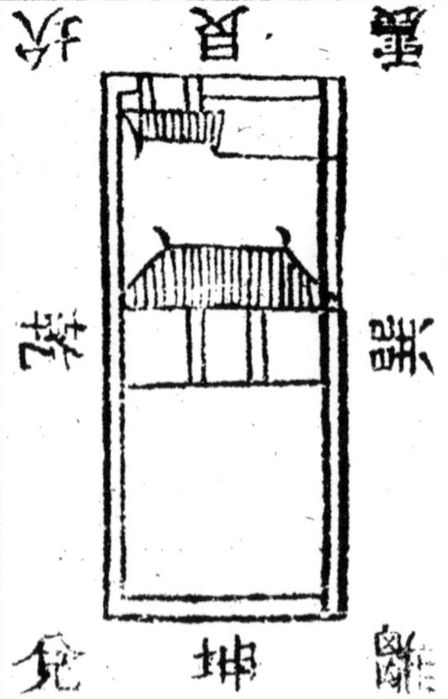

中男先絕後及長
口舌吊縊妖邪多

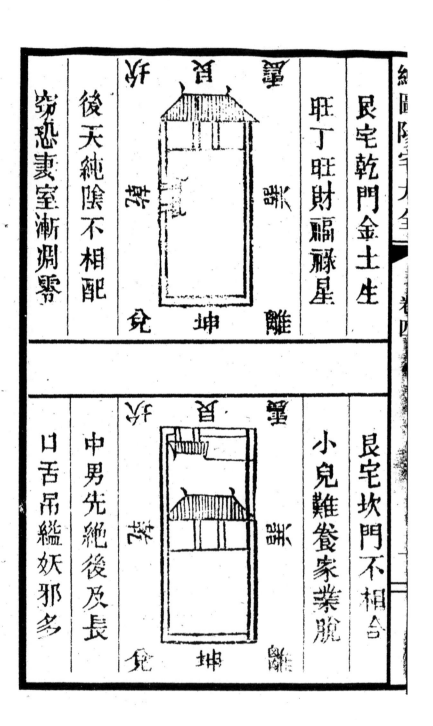

艮宅艮門二土和
發富發貴丁不多

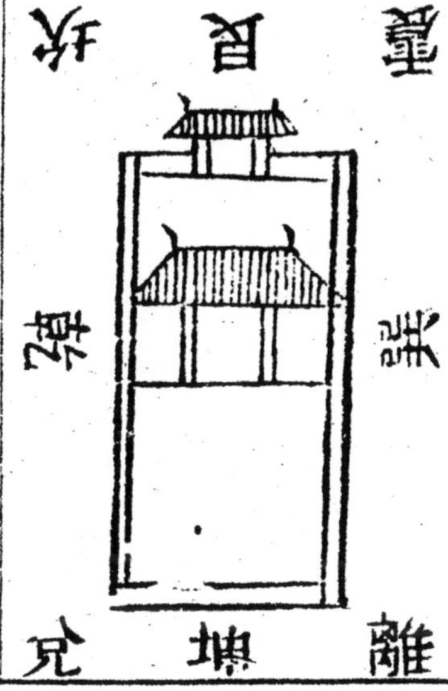

先天純陰後純陽
家中常遇風癔婆

艮宅震門少男亡
傷財敗丁不久長

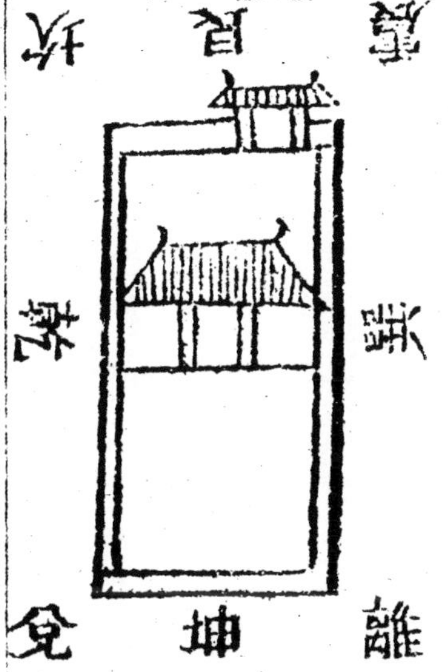

兄弟不和木尅土
墮胎人命母子傷

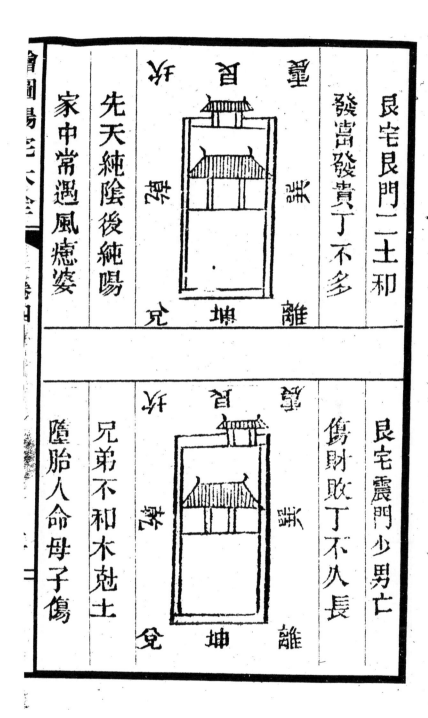

艮宅巽門見雞養
傷財敗丁人風狂

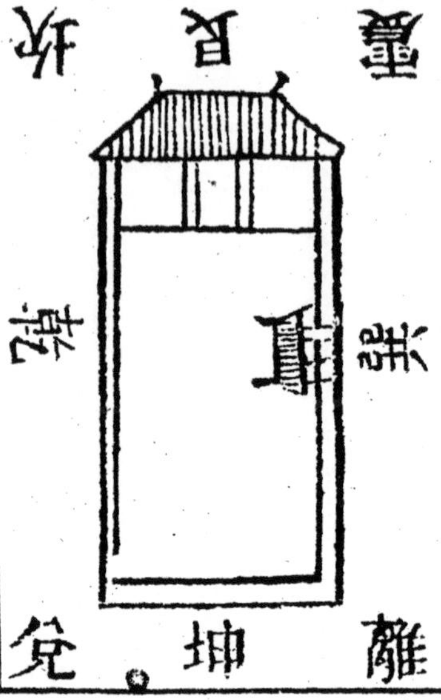

山高風烈易生癆
木來尅土要須防

艮宅離門婦女惡
火上雖生不配合

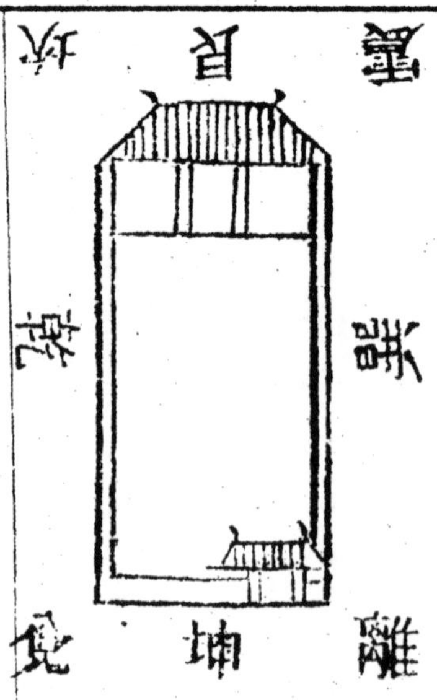

傷丁敗財男子少
寡居空房女兒多

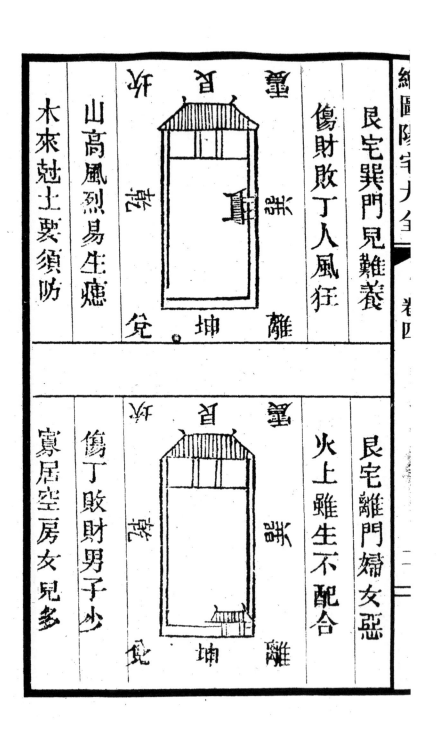

艮宅坤門福壽花
二土比和富貴家

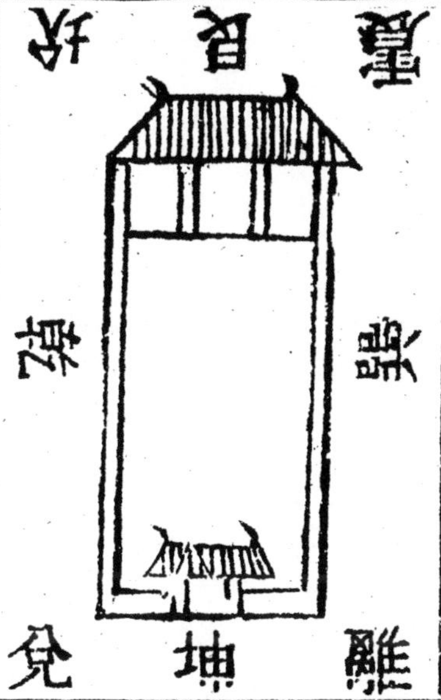

毋憂少子長中弱
婦女當家自不差

艮宅兌門子孫賢
發富發貴信可傳

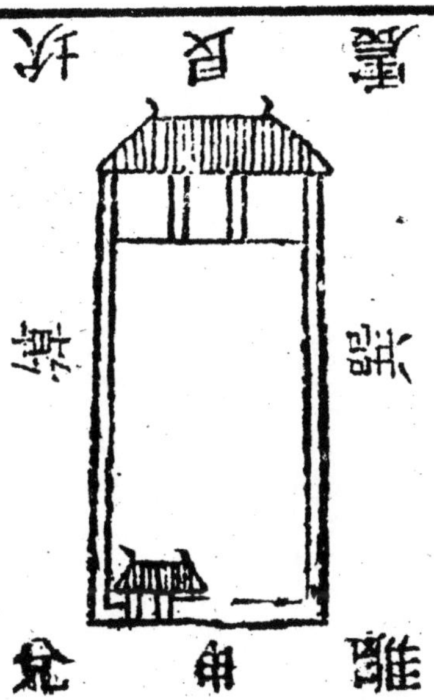

先後陰陽得配處
綿綿瓜瓞壽延年

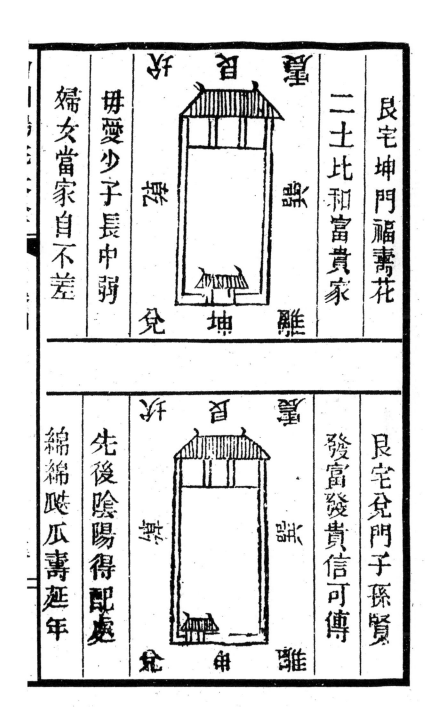

以上八圖係艮宅八門應驗因陰陽老少之配明五行生尅之理吉凶禍福皆本八卦推斷每圖書一主一門者使人見之卽曉不致混淆第宅舍形勢不同圖式之變難以悉載總以活看爲妙如遇前高後低有廂無正或作坤主論或作乾巽論不可拘拘以地基坐艮而概爲艮宅也

艮宅九宮圖

艮坐坎宮土氣弱
中男遇尅禍亦多

後天純陽妻不利
最畏兌方無配畧

艮坐坤宮二土逢
日積月盛少子豐

欲求富貴兩雙全
須得左水抱門浴

艮坐震宮入木鄉
傷財損丁大不祥

欲去詞訟墮胎害
須要兌位有金房

艮坐巽宮土難當
家道貧窮妻子傷

欲求丁財無絶敗
須收源頭水一座

艮坐中宮土得位
出小成大多祥瑞

果能富貴無休息
水繞金城源乾兌

艮坐乾宮土逢金
子來歸父孝義臨

欲圖富貴丁財久
必須坤兌遶山林

艮坐兌宮少男興
富貴雙全子女崇

面前若無山水抱
庄舍旺相亦主凶

艮坐艮宮土臨土
義子尋權人不富

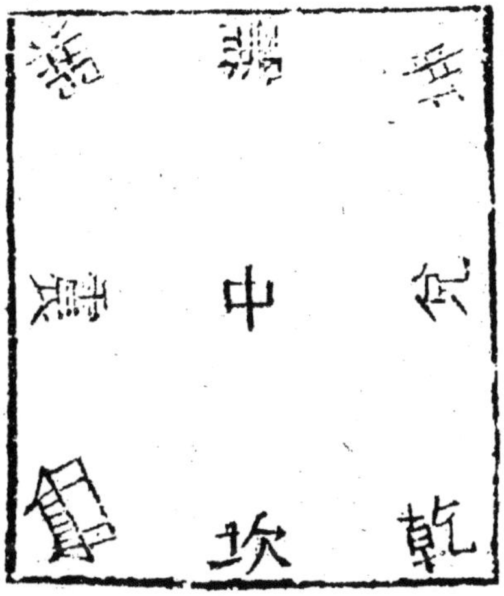

欲求綿遠家業厚
務要地基坐山稠

艮坐離宮土成焦
少男微盛長中天

先發後敗妻女强
乾兌無助一片消

以上九圖論艮宅坐宫
應驗皆從子親身閲歴
得來大而推諸城邑小
而推諸村鎮其合此者
吉凶禍福不爽毫髮第
方隅偏正不一高低大
小各别幸無泥此活法
活相也

艮宅拔驗

一艮宅坤門居村西南門外正對路口路口之中有廟堂一間正對門首愚拨此宅水路沖門正應其廟是次鬼入宅也小兒定主難養門首居坤廟神觀音且艮入坤宮先天純陰又應老母常信師巫活見鬼神余分宅主改成兌門陰陽相配金土得生後來成丁妥然無恙

一艮宅震門坐落村東宅外坎方空缺損有坑坎數

倒懸拔此宅艮坐巽宮洩木之氣坎水不旺不能生木定主長男多病又艮主震門木尅艮土更主少男夭亡小兒難養余令宅主改成兌門修補坑坎震方修起一行羣房後來丁財頗旺

一艮宅震門中心有大樹一株懸拔此宅震來配艮木尅土也且中心樹木與宅體形如困字又土氣受尅太甚定然敗財損丁貧絕不堪余令宅主將樹木之南修起二門偏於兌宮大門移坤後來果

得平安

艮宅離門居村正西東院三間寬西院五間兌震兌有廟甚高愚按此宅以兩院論係坤門二土比和可許頗有丁財以分房論係離門艮洩離火定主婦女多疾震兌有廟金尅震木且艮入兌位助之為禍又應弟婦欺害兄嫂余令宅主大門移兌陰陽得配門外修墻凶煞遮蔽後來頗吉

一艮宅兌門居村正西宅後羣墻俱係花墻震方有

井正迎廚房門首懸披此宅艮臨兌位門主相生
可許丁財俱旺但井灶對沖宅主不安男女多犯
虛勞藥鍋不斷且艮風入宅氣沖腦散更有愚魯
聾啞之子風痰氣横之人余令宅主花墻補實灶
移坤地後來妥然無恙

一艮宅震門居村正北宅後係大路轉東至門首艮
方有大糞坑數個與宅甚近懸披此宅震木來剋
主亡少男已不吉矣且艮坐艮宮水路沖宅定然

多犯墮胎風狂宅後糞坑傷損又主手上生瘡癤有殘疾之人余令宅主改成兌門修補糞坑路東路北修起兩座聾房後來果吉

一艮宅巽門東院三間寬無主房西廂西院三間寬無東廂愚按此宅應以坎主論可許丁財俱旺謂水木得生也東院若修主房仍走是門必絕後東院修樓三間兄弟三人俱死三門僅有一子且得風症

一店房艮宅坤門一進院七間寬兩廂各五間居虛之西村東之水流至宅前抱門而去愚按此宅主房七數合七寺之金廂房五數合五黃之土其數已得生矣又艮坐兌位坤門比金合土又逢生旺且門前收村一帶之水定主丁財綿遠富貴悠久問之果然

一店房艮宅坤門一進院七間寬兩廂各五間居虛之東地基臨山高出隣房愚按此店坤艮比和宅

體方正可許有丁有財但孤高無助月空一切爻
應宅主高傲任性不和四隣且艮臨震位土被木
就門前雖見逆水來收者短而去者疾又主丁財
不久遂發遂敗眾眼余論之詳
一艮宅兌門居村正西門外正對大廟應廳衙房中
庭俱係樓房主房係平房懸殊此宅門主得配可
許旺丁但主氣不振且爲廟欺門外應壁太近阻
滯氣脉不通多出膈噎聾啞之人幸艮坐兌位不

至貧絕嗣之俱應

一寺院僧室艮宅兌門東有隣樓西有大殿愚看此宅以寺院論居坐大殿之震木尅艮土僧人多絕虛勞以僧室論大殿在兌且收諸門一帶金氣陰陽配合情意相親又應田產豐厚浪蕩迷俗巽有高樓來尅艮土兌有大殿去尅巽木師徒定因二婦爭奸致禍影稱余斷之奇

一學院艮宅離門西方靠村南有一帶山案愚按此

學西方壯舍層層漸高面前水勢灣灣環抱生房高鼎獨壓四衆坤山秀麗宜如眠弓可許泮水生香魁名高中然門居離宮中女少男不配徒弟多不和美幸木氣不振無大傷害問之如余所見

一艮宅離門門外有樓三間有井一口正沖其門相離丈餘愚按此宅婦女刁惡多出失目之人或問其詳余曰離樓有欺主之勢且近門首不下不見陽光且又井口沖門離為中女又為目故以此論

一書房艮宅坤門寅山申向水出乾方門外地基狹短離方隣樓高大愚按此學水犯黃泉多發成才之人冲破乾位又應屢易師長門前廻滯氣脈不通定然功名難成離方高大遮蔽陽光更主多生眼疾幸艮主坤門土星得令艮坐坤宮洩火之氣不至傷目失明衆皆敬服

一艮宅坤門居城東南三院各三間寬中一院　樓兩隣俱低宅後地基尖尾門前水流疾聲愚按此

宅孤高無助水見傾瀉定主單傳數世寡孀當家
艮臨巽宮土氣衰弱又應小兒難養家道不和宅
後尖尾屬火寅木曜煞當權更主詞訟屢屢丁財
敗絕問之俱應
一艮宅坤門居村西北門外正對龍王廟乾有石山
圓塚一個懇拔此宅艮臨乾宮金土逢生乾山高
大坤門比和可許富貴雙全但門前對廟犯龍入
室雖兌婦友淫亂見神見鬼乾山形圓不生草木

又應老翁剛惡禿子禿孫衆稱余斷之奇

一宅兌門居村東北二進院內外廂房低小艮坤正房係樓門外有橫水水上有高橋懸按此宅火坐坤宮土星得令且門外橫水環抱橋上陽水來朝宅主大富大貴但坤艮並高土　太盛以先天論坤艮屬老陰理應老母當家以後天論老母愛少子可許三門豐厚又土盛剋盡坎水洩盡離火中男必犯夭亡絕嗣木氣衰弱無配水火無權長

男病主尅妻損子女乾金不旺不至於絕衆福象看之活

一艮宅坎門坐落村北門外正應丁字路口宅前緊靠關帝大殿愚按此宅艮土尅坎小口不利且廟煞宮坤叉尅坎水中男定然死絕門前水路形如丁字兩水相交當門直去更主男女俱淫丁財俱敗衆皆敬服

一艮宅兩院寅山申向北院二間寬有羣房數間向

外南院五間寬兩進院開午門居村正北宅前隣樓山脊正冲主房門首愚按此宅羣房向外背主無情多出忤逆之子離鄉之人坤樓正冲宅心午門助之為禍又應家道不和橫死夭亡年逢午申其凶多驗問之果然

一艮宅坤門一連三所各一進院中院五間寬左右各三間南院低小後門在震愚按此宅橫長順短有橫木倒地之形乾離巽弱有乾金尅木之象定

主損子刑妻敗財缺丁後門在震又震木來射屋
土更主兄弟不和小兒難養亥卯未三方吊合多
犯墮胎之禍間之俱應

一艮宅兌門居村西南兩進院門前大樹數株樹西
係水坑一庄之水盡歸於此坑內思拔此宅艮坐
坤位土星得合門前收村一帶陽水宅後收庄一
帶陽氣定主丁財旺相富貴悠久兌宮林木旺相
艮主得配又應文武雙全子女俱榮間之果然

震宅八門圖

震宅乾門事不祥
金來剋木長男亡

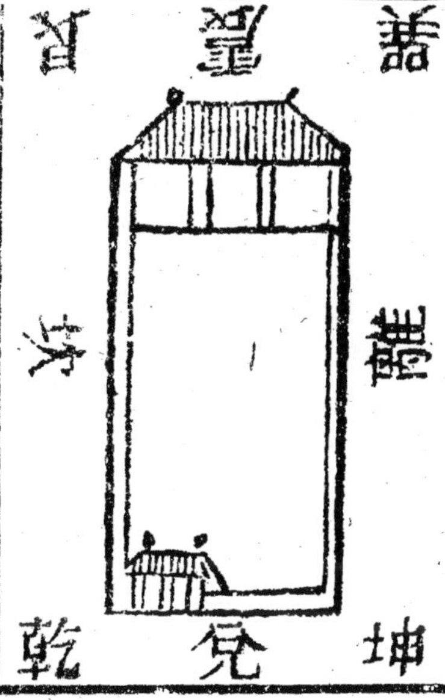

傷筋損骨自縊死
敗財缺丁逆妻妨

震宅坎門獨旺財
純陽無配中男衰

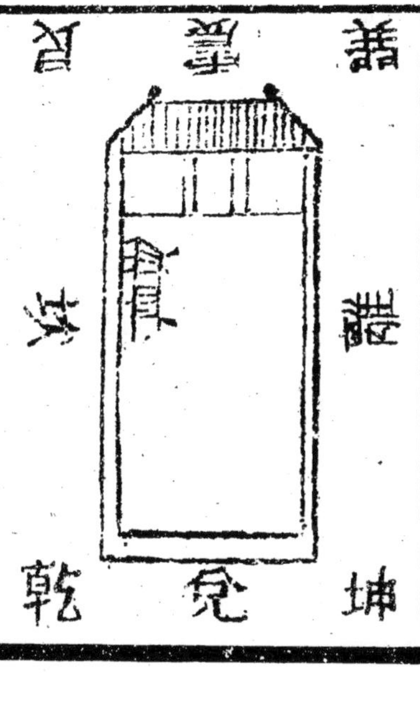

損子刑妻凶多見
先發後敗吉一代

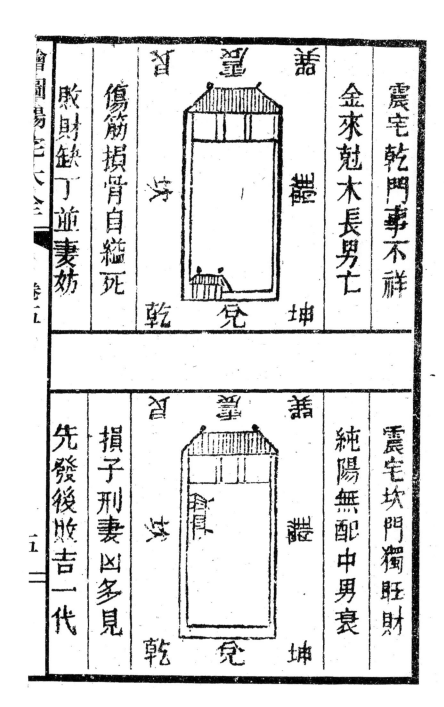

震宅艮門誰為吉
兄弟財產兩分離

巽　離　坤

震　　兌

艮　坎　乾

傷子損妻家不幸
多生少成無根基

震宅震門家不寧
初年富貴後還凶

巽　離　坤

震　　兌

艮　坎　乾

皆因純陽損妻子
三世不遠絕音容

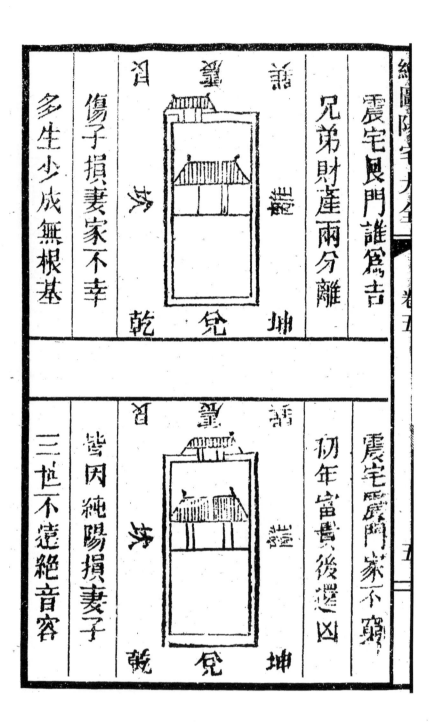

震宅巽門家業昌
二木比和長房強

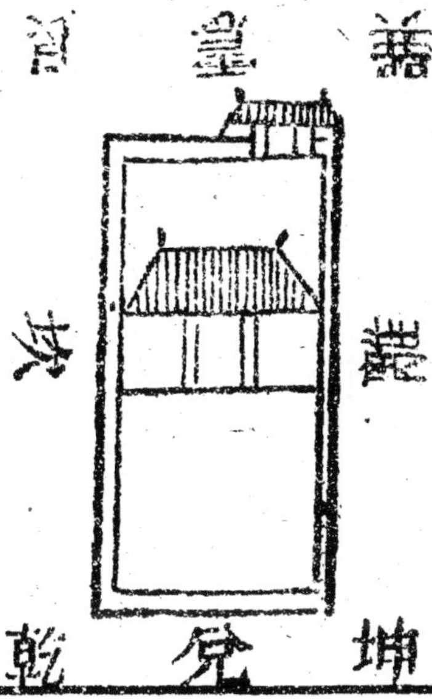

但犯前高後低式
想子剋妻不久長

震宅離門水火明
發福生貴子孫榮

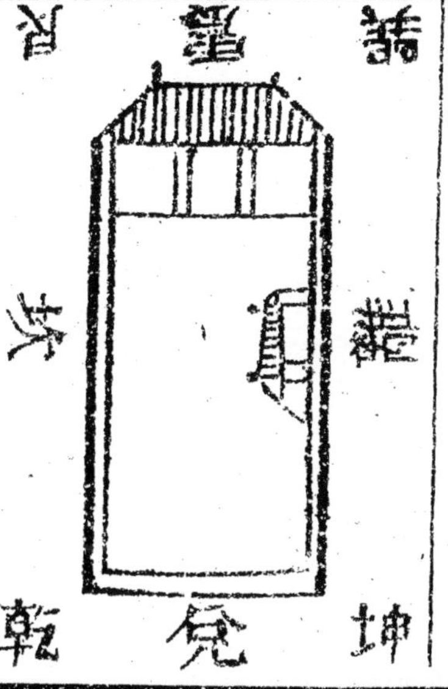

更喜神童登宰府
長中兩房見恢宏

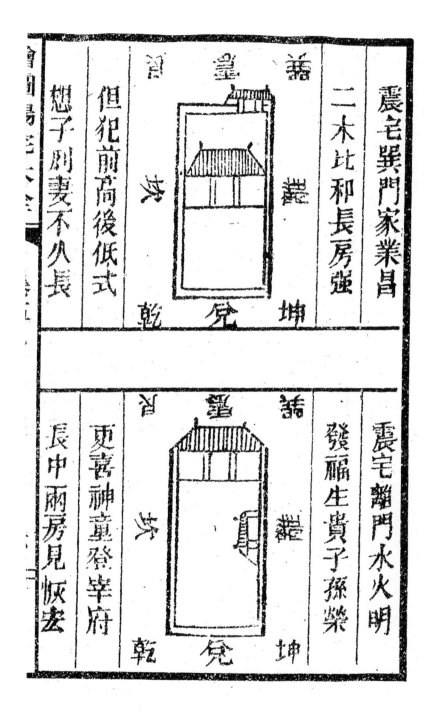

震宅坤門土有傷
丁財難言兩相旺
老母壽高長恐絕
長房興隆母夭亡

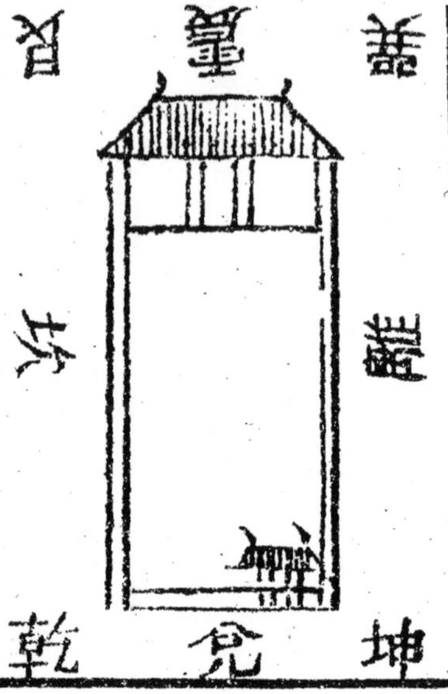

震宅兌門[illegible]
先喪長男後敗財
癆病風癱並義子
官事口舌遭水災

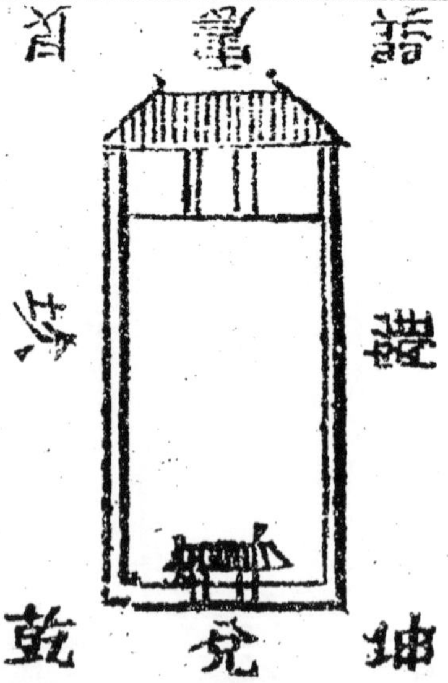

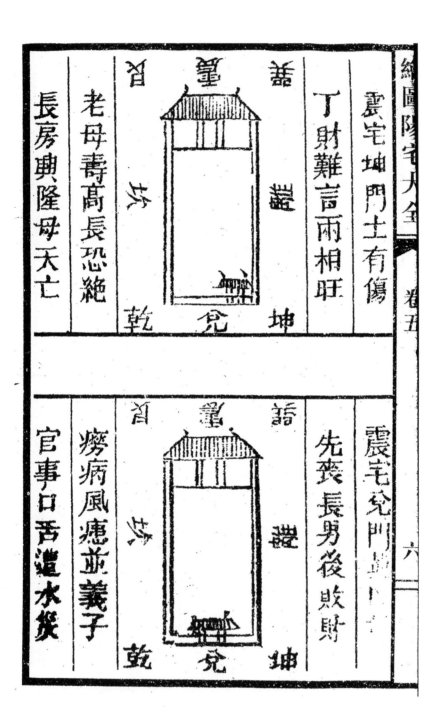

以上八圖係震宅八門應驗因陰陽老少之配刦五行生尅之理吉凶禍福皆本八卦推斷每圖書一主一門者使人見之卽曉不致混淆第宅舍形勢不同圖式之變難以悉載總以活看爲妙如遇前高後低有廟無正或作兌論或作坎離論不可拘拘以地基坐震而概爲震宅也

震宅九宮圖

震坐坎宮木得生
北有山主定興榮

後天純陽長不利
南階高大凶難榮

震坐坤宮木土尅
官事口舌多敗財

不尅老母便損
始離富貴後來

震坐震宮木比和
後天純陽丁則弱

巽	離	坤
震	中	兌
艮	坎	乾

始雖發達終還敗
面前收盡金氣多

震坐巽宮木成林
文士武將家不貧

巽	離	坤
震	中	兌
艮	坎	乾

最忌左舍太欺主
須要林木門前遶

震坐中宮木土傷
詞訟屢屢母子亡

巽	離	坤
震	震	兌
艮	坎	乾

四水來朝凶皆去
最惡面前反弓張

震坐乾宮木不吉
長子絕亡財產稀

巽	離	坤
震	中	兌
艮	坎	震

從天純陽陰人損
巽離旺相諸凶息

震坐兌宮木遇金
田畜不利人口沉

宅後如居人稠密
定作國家棟梁音

震坐艮宮木土刑
除人損傷見難成

遭火血病並敗財
原因庄舍居坤庭

震坐離宮木火明
財物贈盛子孫榮

最惡水大來漂木
宅後臨山凶不生

以上九圖論震宅坐宮應驗皆從子親身閱歷得來大而推諸城邑小而推諸村鎮其合此者吉凶禍福不爽毫髮方隅偏正不一高低大小各別幸無泥此活法活相也

震宅按驗

一震宅坎門居城正南內外坎方高大離巽塗陂點

按此宅震坐離宮木能生火可許富貴雙全但震

主坎門後天純陽難免損丁刑妻水雖生木終水

大木漂又應長房敗絕余命宅主高起主房改爲

離門南方再修東屋三間取震巽得配水火相濟

後來果旺子媳

一震宅坤門三進院三間寬安離灶後修南院一所

亦係三進院二間寬愚按此宅昔日係坤門今日爲兌門兌金尅震木應有是非不寧當年之離灶現爲中央爐火傷宅心離兌破財之憂余令宅主大門壘住南院便門行走八移後院南廂後來果得平安

一震宅兌門居街正中四合頭院前後臨路西房舊大東房低小愚按此宅以震主論金尅震木長子絕嗣以兌主論後天純陰多女少男余令宅主改

成艮門後來旺丁旺財

一震宅乾門門前向西正對路口路口之上有觀音閣向東門與閣正沖愚看此宅多遭怪異之事神鬼莫測問之果東方之物忽至西房南方之物忽至北房余曰此閣與門路正對乾風吹入宅也移坤門即変改後果應

一震宅乾門乾方有樓三間南方水去風來愚按此宅乾宮出頭金尅震木坤方水射曜煞當權多犯

風狂吊縊其後長子果吊縊於此房內次子風狂亦死或問曰老翁何得其壽余曰此金旺尅木凶稍緩耳然總不能善終後亦應驗

一震宅申門居城西南西邊有路且有水來愚看此宅己酉丑年遭凶一敗如灰其後果應入問其詳余曰門水俱犯羅煞西隣有樓正對其門不惟酉金來尅震木且又申金助之爲禍故以此論

一巿房震宅坤門三間寬四鄰低小乾方係城樓甚

高城門之西有斜路暗道斜冲其門愚按此舖乾方城樓來剋震主水路乘勢暗來暗去且高山四衆足以招其凶禍理應屢被盜案問之果然

一震宅兌門居村之南坎兌出入無路向南行走路口斜對白衣堂愚按此宅坤方廟煞冲動老母出入往來收蠱離坤兌方一帶陰氣定主老母好善日信師巫男子俱內多女少男幸震坐離宮不能生火不至於絕問之俱驗

一書房震宅離門居村西北門外正對路口門上有白衣閣正射其門愚按此學木火通明功名最利但路上廟閣吹鬼入室多犯妖邪風狂又震坐坎宮更主師彼不和成才夭亡衆爾余斷之奇

一震宅乾門坐落城東三間寬兩進院對門係樓房五間南方有樹園甚旺愚按此宅乾門來尅震木兌金助之為禍定主長房夭折絕嗣又乾兌同氣亦應多女少男幸震坐震宮離方旺相不至貧絕

但離兌並高金火交戰又應家道不和遂廢遂臨

問之果然

一震宅離門居村東南內外震巽俱高坎離低門前正對數層山案愚按此宅震主離門木火相生震臨巽位木星得令可許丁財旺相震巽高昂陰陽得配案山層層陽水來朝又應富貴綿遠問之

如余所見

一震宅兌門居村之北三間寬兩進院艮方廂樓高

大巽離內外低小宅後林木旺相愚按此宅巽木不旺主氣不振長門必因水弱不能生木土旺反來尅水中男亦應死絕兌金來尅震主艮土來助兌金弟婦恐欺兄嫂幸震坐坎宮宅後木旺不至貧絕衆稱余看之活

一震宅三層居城之南街房五間寮中房三間後庭兩間偏北外應坎震空缺離兌高大愚按此宅離方城樓出頭震宮主房衰弱水氣不足不能以制

離水兌金高大反來尅制震木定主速發速敗長房絕嗣後天陰方過盛難免寡婦當家衆稱余論之詳

一震宅坤門卯山酉向水出申方離方有樓三間樓下安灶廚門正對井口宅前寬濶余按此宅離灶配震木大得生理應富貴但離火太旺洩木之氣定主中女刁惡長子衰弱井在坎位正對灶門又應男女多病宅主不寧水犯向上黄泉坐山曜煞

更主損子刑妻母子不和幸宅前寬濶不至於絕
悶之如余所見
一店房震宅兌門三間寬一進院兩廂各六間南臨
大路水自東來轉坤轉比西有土嶺北鄰相似愚
按此宅巽地禮厚震木得配坎方旺相震木逢生
定主財源茂盛六畜與旺且宅體形長木星得令
門外山水環抱有情又應福禄錦達丁財悠久但
兌严來剋震木難免同夥不睦問之俱驗

一震宅坤門五間寬兩所北院三間寬一進院無主
房南院獨有廂房兩間安灶宅後正對高廟山脊
愚按此宅賓強主弱宅主不利以北院視之係兌
宅廟煞沖主金木交戰難免橫死夭亡以兩院合
視係乾宅坤門雖配乾金遇離灶尅之太甚又應
婆媳寡居問之如余所見

一書房震宅兌門西南隣房係樓對門西鄰亦樓愚
移此學兌金高大刑尅震木坤土生兌助之爲禍

定主師長喪命徒弟多疾震主雖尅坤土遇兌門
制之無權又應徒弟任性不受教益師長屢遷難
成功名衆皆敬服
一震宅坎門居村正北主房低小坤兌隣房高大北
有一大案山巽有水坑數個愚按此宅北方山環
陽水來朝可許富貴綿遠但震主坎門又臨坎位
後天俱係純陽定主損子刑妻中男虛勞兌方高
大來尅震木坤土旺相助金爲禍又應寡媳守寡

長子夭亡且主弱賓强水大沐漂長房更主絕嗣

問之果然

一店房震宅乾門居村西北三間寬三進院主房係樓門外有糞坑數個巽離林木茂盛愚按此店門主相刑坐落相尅定主同事不和成才多喪糞坑居乾正對門首又應屢被賊騙常患禿瘡幸震主高大巽離木旺可許頗發財源問之俱應

巽宅八門圖

巽宅乾門長婦凶
尅妻損子禍相逢

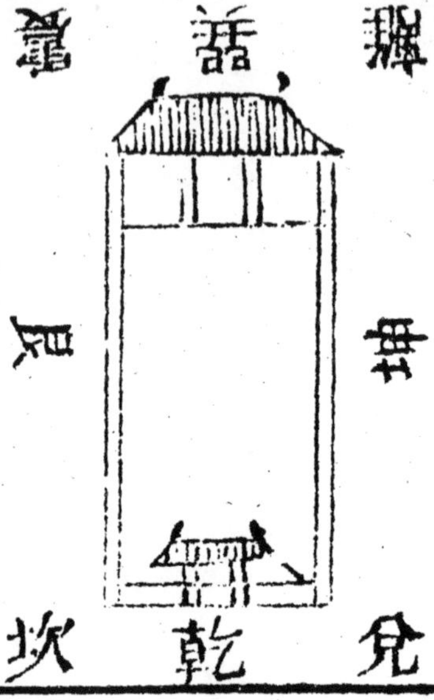

豈惟老翁身不正
亦主幼女多淫容

巽宅坎門木水生
發福發貴子女榮

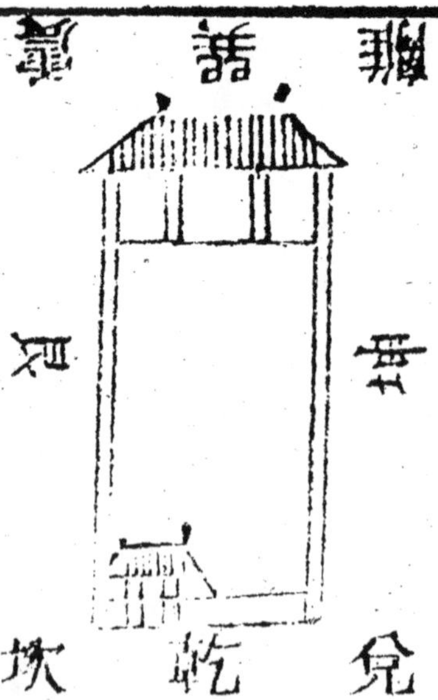

不惟長婦多賢孝
更許文人利功名

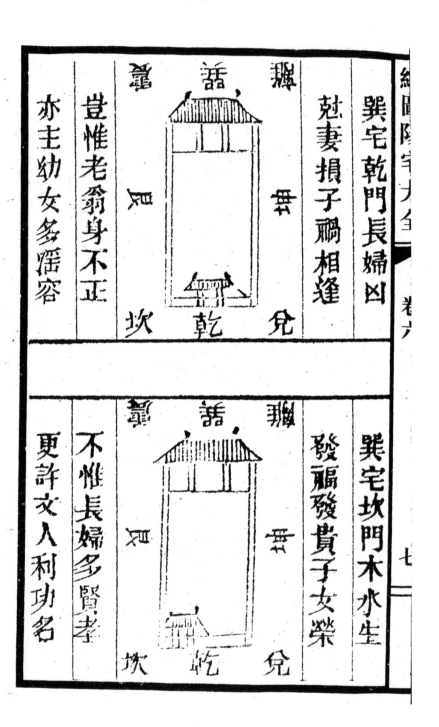

巽宅坤門不爲祥
敗財絕丁多風狂

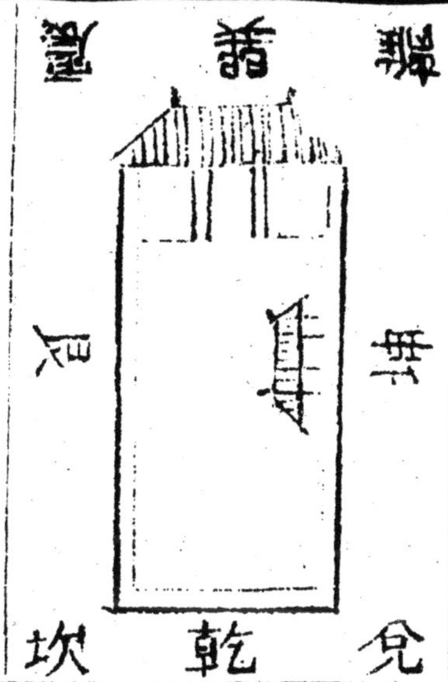

木去尅土傷老母
寡婦世世守空房

巽宅兌門婦女凶
損子刑妻不安寧

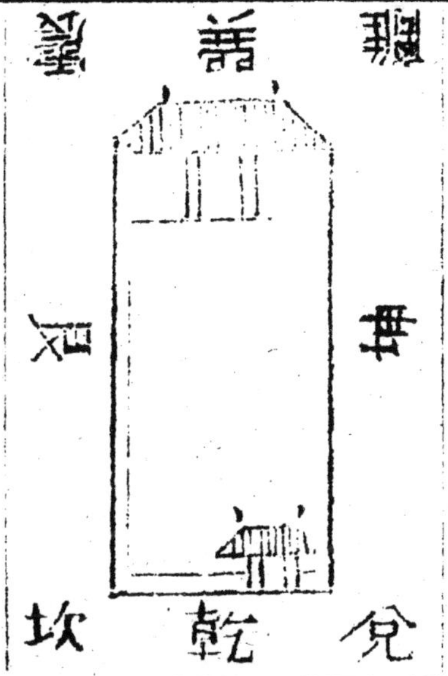

傷筋壞骨家破財
刁惡孀婦鬧門庭

以上八圖係巽宅八門應驗因陰陽老少之配明五行生尅之理吉凶禍福皆本八卦推斷每圖書一主一門者使人見之卽曉不致混淆弟宅舍形勢不同圖式之變難以悉載總以活看爲妙如遇前高後低有廂無正或作乾論或作艮坤論不可拘拘以地基坐巽而概爲巽宅也

巽宅九宮圖

巽坐坎宮木得生
左舍旺相子孫榮

但係枯木多傷水
艮寅坎宅患風癲

巽坐坤宮土難當
婆媳不和妖邪狂

先傷陰人后損子
窃恐艮位欺壓房

巽坐震宮木比和
財物積聚富貴多

三陽低陷丁財損
左隣尅洩子孫弱

巽坐巽宮木同
後天純陰丁不旺

最畏地基無龍氣
又恐乾金尅婦亾

巽坐中宮入士府

母子相刑富貴柱

後高前低多丁財

堂空向滿福祿苦

巽坐乾宮木有傷

老翁不正陰人殃

城邑水旺諸凶避

前環山洞化吉祥

巽坐兌宮被金尅
婦女刁惡並損財

欲求丁旺產舍近
最忌西方高山來

巽坐艮宮入土鄉
傷財墮胎小兒亾

隣房太近婦主事
巽艮吹宅多風狂

巽坐離宮木得明
陰旺陽衰家業榮

南方低陌不富貴
比庄緊靠多成名

以上九圖論巽宅坐宮應驗皆從予親身閱歷得來大而推諸城邑小而推諸村鎮其合此者吉凶禍福不爽毫髮若方隅偏正不一高低大小各別幸無泥此活法活相也

巽宅按驗

一巽宅離門居村西南左右無隣水路環抱從南至此愚按此宅巽居坤位理應多寡多女水抱有情又主大富大貴但門主純陰不配木火雖云捐生不過財旺生官難言科甲門第余令宅主門首移坎取先天少陰少陽相配水木逢生後來二子聯登文武雙全

一巽宅兌門門外隣房高大房脊交錯有大樹一株

正對門首凶按此宅兌金來尅巽木定主妯娌不
和長婦夭折門前房屋探頭曜煞當權樹木正冲
門首形若閑字又應屢被賊盜傷主多遭命案官
事余令宅主大門改坎後來果得平安
一巽宅離門居庄正西四合頭院坤方內外高大凶
按此宅巽遇坤盛洩木之氣木臨兌宮又見尅傷
定主損子刑妻婆媳不和門主雖係木火相生奈
後天純陰無配又應多女少男老母當家余令宅

主高起街房變為乾宅坤門取金臨旺地之義後
來發丁發財
一巽宅坎門居村正東門前正對水坑一村之水盡
歸於此坑內兌方開有便門斜對隣樓愚按此宅
門前收一庄之水定主富豪巽坐震宮木星得令
又應發丁發責但兌方樓房有欺主之勢更有氣
口相通金來尅木更主妯娌不和長女夭亡幸巽
主坎門光天少陰少陽相配不至於絕余令宅主

兌門壘住樓房落平後來果得平安

一巽宅坎門三間寬四進院宅體甚長宅後靠山震離隣房高大門前數丈餘兩路相交形如人字人字之中有井一口懸按此宅巽坐震山木逢旺地坎水配巽木得水生震離左右並持木火叉遇通明理應丁財俱旺富貴雙全但門前井口居兩路交合之中犯人字褌當之水窃恐男女須蕩淫亂失序余令宅主將井填住後來安然

一巽宅離門居村正南門前正對路口路口之中有觀音堂一間愚按此宅木火雖生純陰無配定主多女少男寡婦當家門外正對廟堂水路引鬼入室又應婦女好善念經見神見鬼不出風狂便過吊縊寅午戌年其凶多應謂廟坐南方巽居離宮會成火局也其後果驗

一書房巽宅坎門居村正東西面臨水震龍入脉愚按此學坎來配巽水木得生巽臨震位二木比和

且水繞羅成震龍得位定然師徒俱貴翰苑生香
問之果然
一巽宅乾門門外有火神廟一座廟前水路冲射愚按此宅老翁不正婦女多疾謂老翁配長女乾金尅巽木也然水路冲乾火神居乾理應先傷老翁長婦不至於死人稱奇看之活
一巽宅坤門居村正東街房五間樓房對廂各一間亦係樓房主房一間係平房偏南愚按此宅應以

乾主論坤來配乾陰陽相合宅體方正金土相生可許旺丁旺財富貴綿遠但前高後低木氣不振乾坐震宮尅木太甚又應損子刑妻長房死絕不可拘以木尅土看問之俱應

一市房巽宅乾門四合頭院主房低小街房高大兌方有橋數空坎方有水坑甚大一村之水盡歸坑內愚按此鋪橋上橫水木朝門前收村一帶之水定主大發橫財主房雖弱不過小夥當權無大傷

害要以乾宅乾門論之不可拘以金尅木看問之
如余所見
一巽宅坤門三間覺四進院門外有水車井一空與
門正對井外有隣樓高大愚按此宅木土相刑婆
媳不和純陰無配丁財不利幸坤氣旺相土重木
折老母不至損傷巽宅雖得木體長婦難免少亡
井口居坤正冲門首不惟多生眼疾更主腹上生
病衆皆敬服

離宅八門圖

離宅乾門其實凶
定主老翁生不容

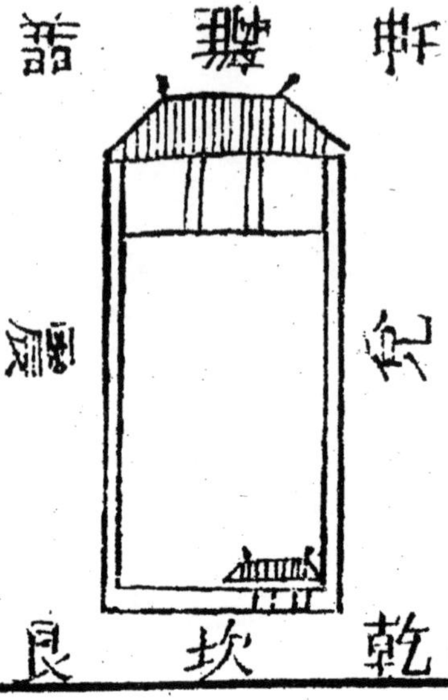

火災吊縊皆莫迯
瘟症吐血亦並逢

離宅坎門福祿昌
富貴雙全文武揚

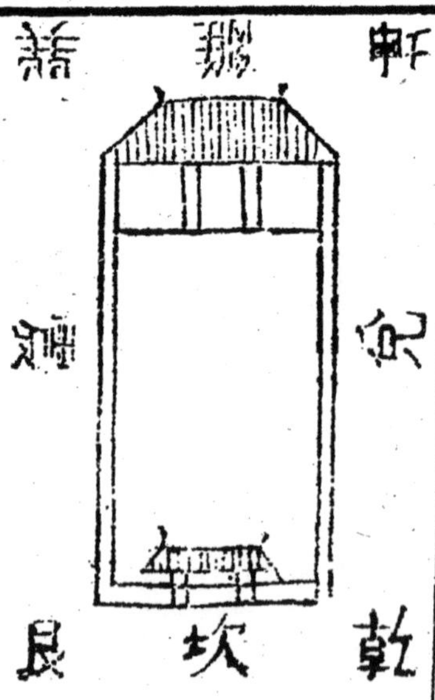

先天後天俱相配
有壽有丁見榮光

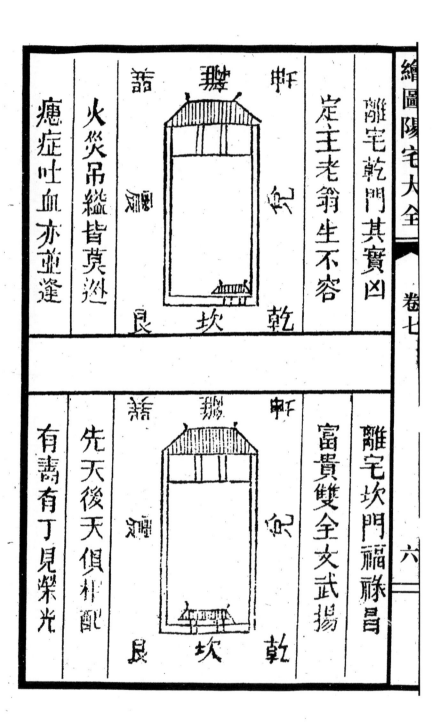

離宅艮門爲不祥
婦女當家男子殃

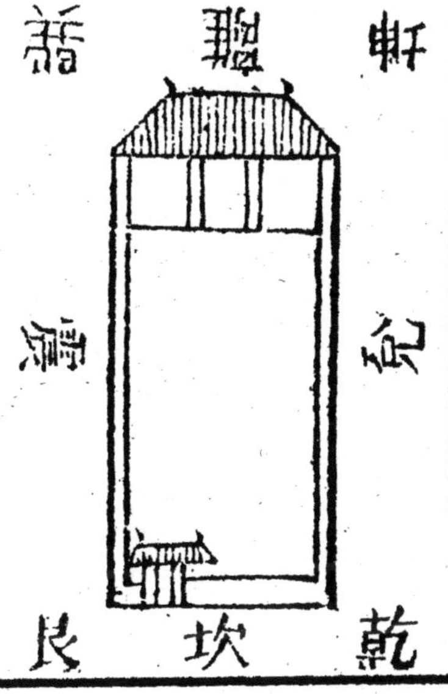

五行雖生配非宜
敗財損丁少兒郎

離宅震門木火通
富貴雙全子孫隆

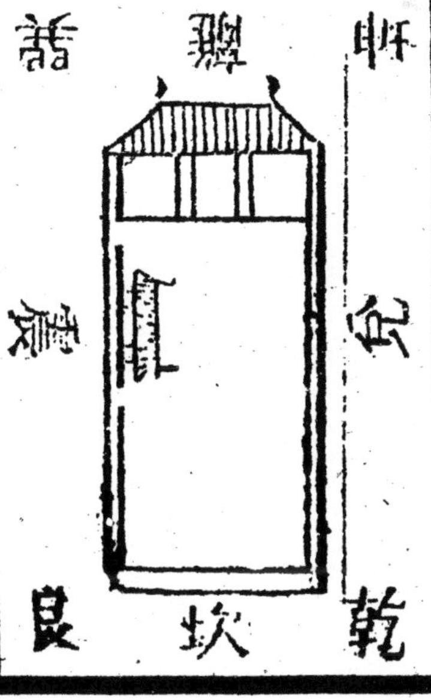

火洩木氣長多疾
又恐剋金病老翁

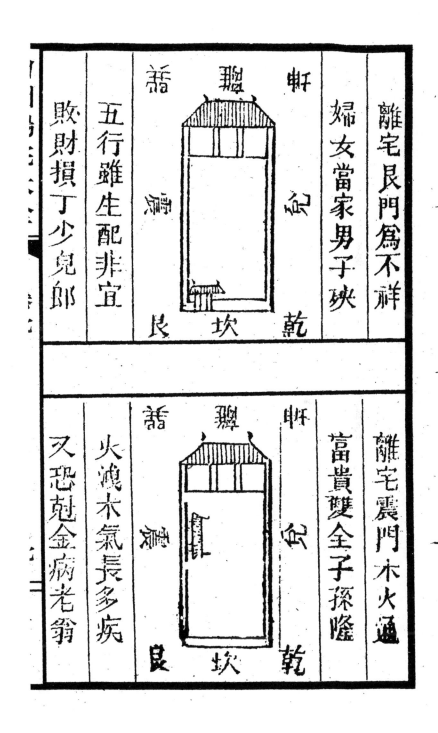

離宅巽門枯滛逞
婦女主專子孫絕

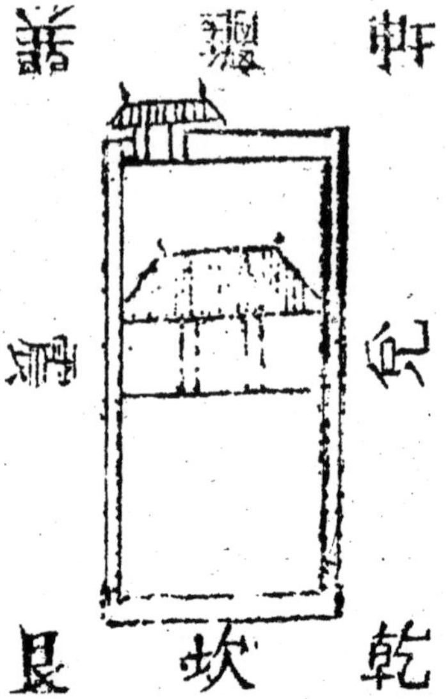

木火雖生多旺女
家業卽厚無人丁

離宅離門婦女旺
雷發灰敗少兒郎

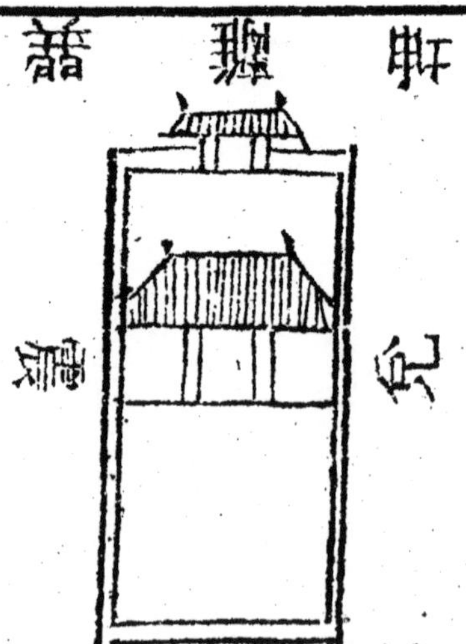

火盛尅金翁多疾
焚林滅木長亦傷

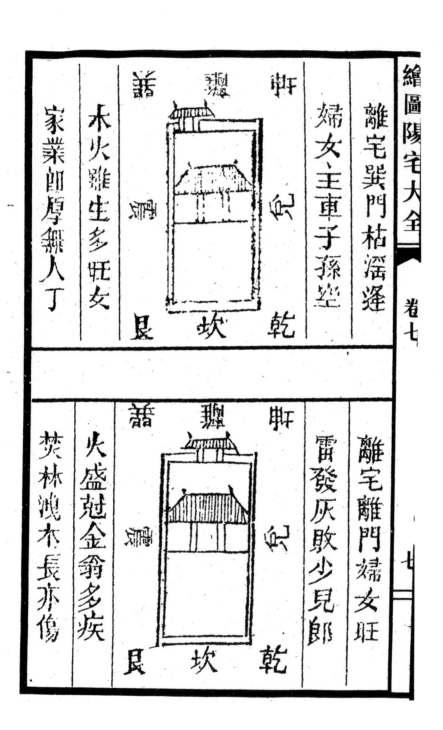

離宅坤門凶事臨
敗財損丁缺子孫

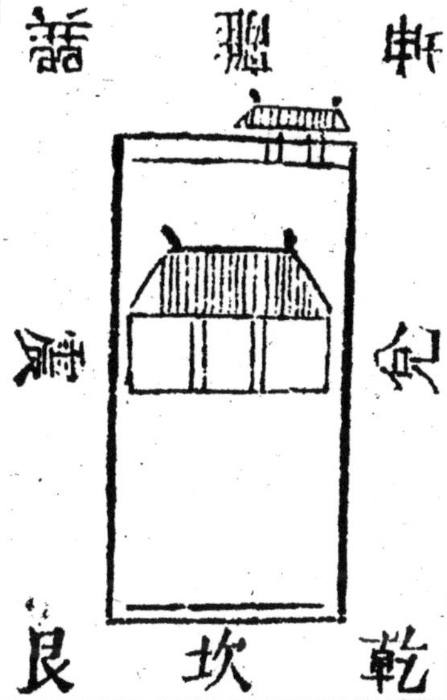

閨門義子專家政
婆媳空房守孤存

離宅兌門火傷人
吐血吊縊口舌繁

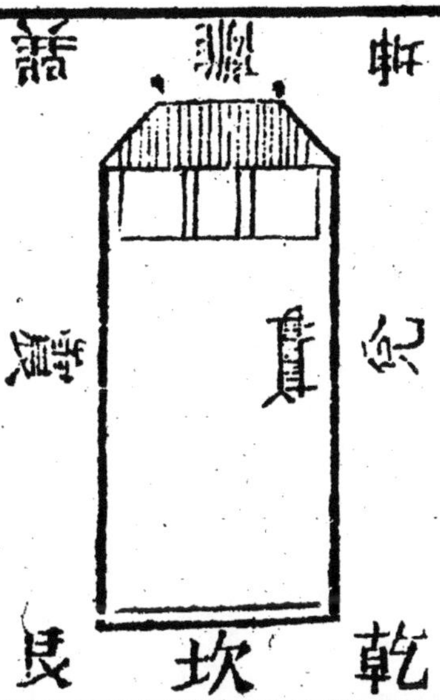

幼女未嫁閨門卒
妯娌不和爭子孫

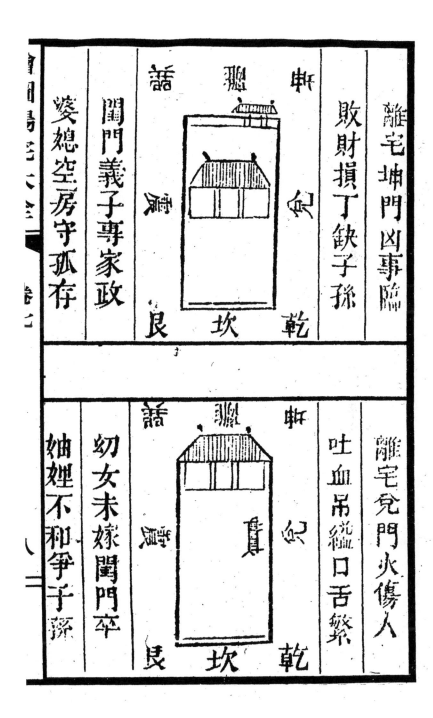

以上八圖係離宅八門應驗因陰陽老少之配明五行生尅之理吉凶禍福皆本八卦推斷每圖畫一主一門者使人見之即曉不致混淆第宅舍形勢不同圖式之變難以悉載總以活看爲妙如遇前高後低有廂無正或作坎論或作震兌論不可拘以地基坐離而概爲離宅也

離宅九宮圖

離坐坎宮既濟名
文武兼全子孫榮

欲求富貴得綿遠
還須震山抱羅城

離坐坤宮火入土
寡婦當家貧無祿

城邑朝護忌高大
地基背村更孤獨

離坐震宮火得宗
祿遠富計尋震龍

村領太近高欺主
宅內多寡少玉容

離坐巽宮火臨木
陰旺陽衰丁財秃

庄舍稍遠免魁滅
震遇山林有

離坐中宮入土鄉
先凶後吉丁財傷

富貴震水來抱宅
敗絕地基高四方

離坐乾宮傷金多
陰旺陽衰老翁弱

震巽在鄰本
可許丁財產不衰

離坐兌宮火遇金
吐血癆疾妖邪臨

西風吹宅損丁財
東隣緊靠子孫森

離坐艮宮火無光
妖邪入宅少年亡

家道不和多孀婦
俱犯尅洩坤兌庄

離坐離宮火太旺
忽發忽敗吉凶象

巽	宮	坤
震	中	兌
艮	坎	乾

床合朝護山募主
富貴悠久文武壯

以上九圖論離宅坐宮應驗皆從予親身閱歷得來大而推諸城邑小而推諸村鎮其合此者吉凶禍福不爽毫髮第方隅偏正不一高低大小各别幸無泥此活法活相也

巽更主婦女當家後來維姓分居前後截爲兩
長門住後院開長門丁財俱旺
離宅震門東臨大路門外正對路口北有樹園甚
旺水路從闈來至門首直向東流主房隔山山高
主房數丈恐挨此宅離主震門木火通明坎方茂
盛離主得配理應發丁發財但火旺焚林不能久
遠又火洩木氣難免虛勞門首水路順門而去更
主浪蕩好淫離鄉而死余令宅主改成坎門後來

果吉

一離宅坎門三間寬兩進院內外無東房行走中庭西邊過道主房低小巽隣高大壓按此宅離主坎門陰陽得配可許有財丁但震宮不起巽有方獨高又壓長婦持家中庭西邊行走收坤兌陰氣過盛更主多女少男寡婦重重余合宅主修造東廂高起主房出入東邊過道取木火相生之義後來果旺丁財

一離宅居村之東四合頭院南房係樓五間坤方有樓一間餘皆平房門前臨河懸拔此宅火氣有餘木氣不足長子必犯死絕坤離並高老母中女亦主守寡幸離坐震火火星得生門前橫水環抱有情不至貧絕後來俱應

一離宅艮門坐落村外西北艮方有降樓一座水直冲艮懸拔此宅門主不配先天純陰艮樓孤高又犯冲射定主破財損丁多女少男乾有風來艮有

風去又應妖邪吊縊風狂臨門其家少子累得風症自縊於此樓內長房絕嗣閨女甚多仲男有子亦得羊羔風症

一離宅坎門東西兩院各三間寬東院無主房東廂西院主房係樓愚按此宅六數屬水大門開坎水星得令先天乾坤相配後天坎離相配定主富貴雙全子女俱榮但離火以木為生震巽空缺大凶木氣大甚又應長房夭絕問之俱驗

市房離宅坎門居村正東門外正對路口水去反弓門上有樓一間主房低小愚按此舖寶盛主弱路衝水射定主外債難討小影强罰水去反弓離鄉無情　應敗財損丁棄業逃走不可拘以門主得配坐落逢生而概爲之吉宅衆皆敬服

離宅兌門居村正東內外巽兌微高餘皆低小東有林木本圖愚按此宅離主兌門金火相尅定主姑嫂不和婦女短拆巽兌並高純陰無配又應另

子懼內小兒難養辛離坐震宮林園茂盛體形遂生不至於絕其家兄弟兩門果單傳數代世世趂

妻

離宅坤門坐落庚南兩合頭院震巽有隆樓交錯恐接此宅離主坤門先天後天俱係純陰定主寡婦當家多女少男震巽雖生離火但欺主沖主太甚恐出不孝之子刁惡之婦辛離主坐離　木之氣無大傷害間之俱應

一巽宅兌門主房低小乾方隣樓高大門外斜對路口水去反弓愚按此宅門犯曜煞金傷木弱長房定然死絕門外路口來冲水去無情又主窩賭窩娼男女淫亂乾方抬頭凶煞正冲宅心竊恐老翁淫亂兒婦其家果不堪聞

一市房巽宅坎門居村之北震方內外高大離方樹木茂盛餘皆平房愚按此舖坎巽得配水木相生可許同事和美生意興隆震離俱旺木火通明又

應財旺生官富貴慾入問之如余所見

一巽宅乾門隣房乾兌係樓內外兩路交交合冲坤方有樓甚高愚按此宅乾坤兌方欺主理應父母高傲任性少女當家長房敗絕兩路相交正居乾地形似斷頭絞頭更主多遭命案吊縊之禍幸有坤土制之老翁不至於遭問之但應

一巽宅坎門居村西南五間寬四合頭院愚按此宅形方數土洩木之氣居於坤位又木臨土宮不勝

家道不和更主婆媳夭折𦵏坎水來生巽木
於絕其家果犯世世尅妻
一巽宅離門居村西北街房係樓主房低小門外斜
對火神廟水路正冲廟前愚按此宅當以乾主論
乾主離門火尅乾金定主老翁無壽火神居離尅
金太甚又應婦女常家因火傷人水路離鄉飛聲
疾流重主受人誆騙死不歸家幸坐落乾宫坎艮
一陽水來交不至淫亂問之如余所見

一離宅亥門居村正北宅體甚長水路順門而去愚按此宅門犯曜煞水犯離鄉定主因奸致禍死不歸家然水路冲破乾方乾門足以招之又應先傷老翁其家大窩娼致命犯案充軍不可拘以坐落得配宅體相生而概為無凶也

一離宅乾門乾方有廟甚高水路十字交錯正冲甚門愚按此宅多犯風狂縊死首應老翁或問其詳余曰水路交加冲破乾位廟煞欺主正應門首是

乾風吹鬼入室也故以此論

一巾房離宅乾門兌位有大樹一株高出主房艮隅有高樓一座斜沖宅內樓西水路來射門前順水長流悪撥此鋪艮樓山有探頭斜沖兌方樹木相併爲禍定主屢被盜案樓西水路來射門前來勢且大又應受人誆騙寅午戌年其凶多應人問其詳余日艮宮有寅離中有午乾宮有戌故以此論

一離宅乾門居村正北兩進院無主房後院南廂係

樓係皆低小門外水去反弓北臨樹園甚旺乾降
高大凸撥此宅應以巽宅論巽主乾門配合不倫
門前水路反弓在乾定主老翁不正浪蕩好謠幸
坐落坎宮木逢生地林園茂盛來配巽木可許頗
有丁財乾金雖尅巽木然木堅金缺長婦天至天
折梁補余斷之奇
一離宅巽門兩間寬一進院西無廂房東臨大路門
外斜對文昌閣凸撥此宅木火相生文昌得位婦

女賢孝可風文人功名最利但二數屬陰門主亦
陰難兌婦女當家多女少男幸東方內外木旺日
有水路環抱男子不至夭折衆稱余看之活
一離宅乾門乾兌內外俱高宅外坤方有路通於乾
方其勢向外愚按此宅水路反弓無情乾兌並持
爲禍宅主包賭窩娼男女俱淫又坤氣來射離火
洩盡老父不至衰弱衆皆敬服
一市房離宅坎門坐落庄東三間寬兩進院門外有

河興宅甚近河上有橫橋數空懸按此舖門水聚抱有情橋上橫水來朝且坎門配離水火相濟離主居震木火相生理應生意興隆財源茂盛問之如余所見

一市房離宅坎門居城之西三門寬兩進院東隣漸高西隣所低門外正對隍廟東西兩水會於門前謊歸內懸按此舖左右水路雖交但直之去無情埋應丁財俱敗對門神廟欺壓又賓盛主弱必為

欠債之主不可執以木旺金弱門主得配而概爲之吉宅衆皆敬服

一離宅兌門門外正對路口愚按此宅離主兌門火去尅金宅主婦女夭亡妯娌不和門對路口離水直去又應丁財敗絕離鄉而死問之俱應

一離宅離門丙山壬向水出乾亥南臨高山北無去路愚按此宅門主坐落俱係純陰定主婦女當家小兒難養南山火星出頭北方水氣不通又應雷

發灰敗火災屢屢門前高山遮蔽不見陽光多出失目之人水犯向上黃泉坐山曜煞多被成才之子問之如余所見

一離宅離門西南隔山北方有隣樓數間愚按此宅離主離門後天純陰定然多寡多女山居坤地宅坐坤宮土洩火氣太甚又應老母壽高中女夭亡幸北方木盛來配離火去洩坤土不至貧絕問之如余所見

坤宅八門圖

坤宅乾門實吉祥
陰陽配合兩相當

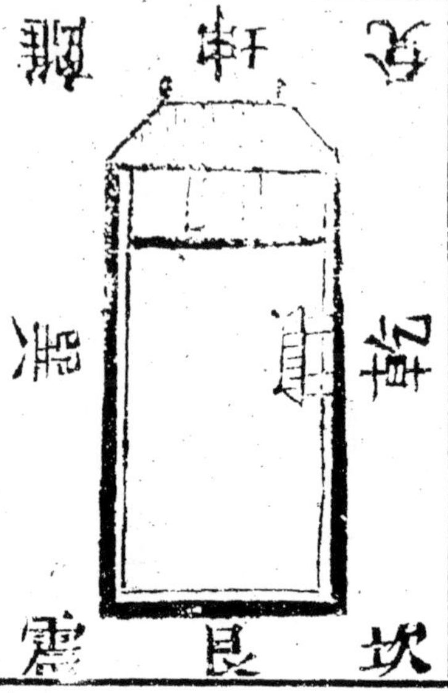

富貴雙全並高壽
丁財俱旺福祿昌

坤宅坎門中男亡
愚魯聾啞症勞傷

損丁敗財大不吉
皆因土去勉求鄉

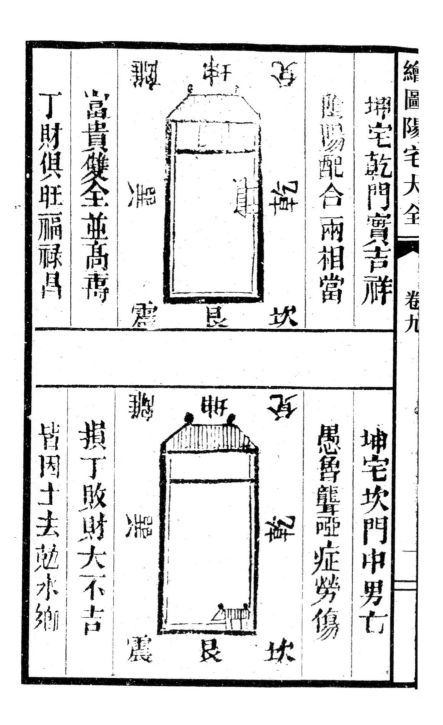

坤宅艮門富貴家
二土比和福祿餘

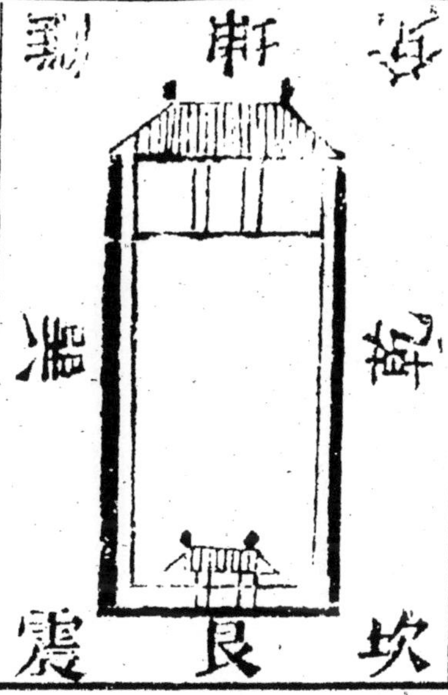

老母愛少小門盛
終年更生好兒娃

坤宅震門老母傷
丁財難言兩相强

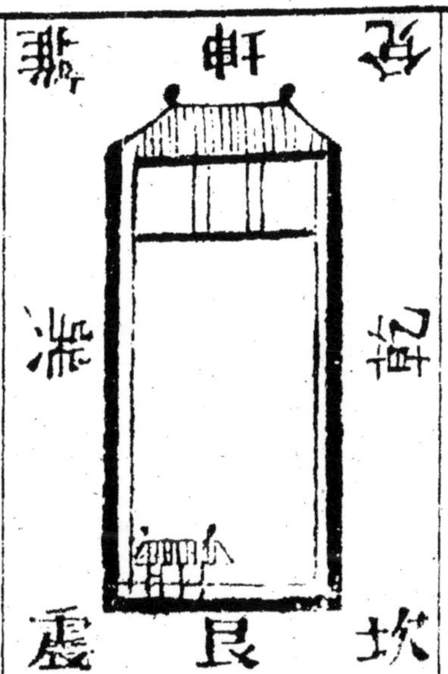

木來尅土脾經病
損子刑妻泪汪汪

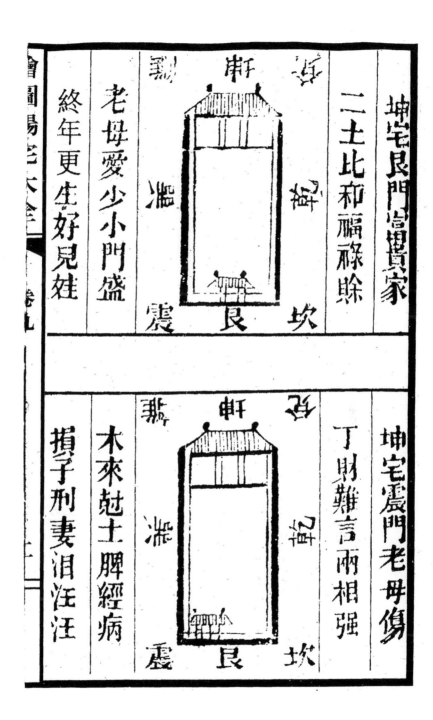

坤宅巽門應若何
媳敢爭婆家不和

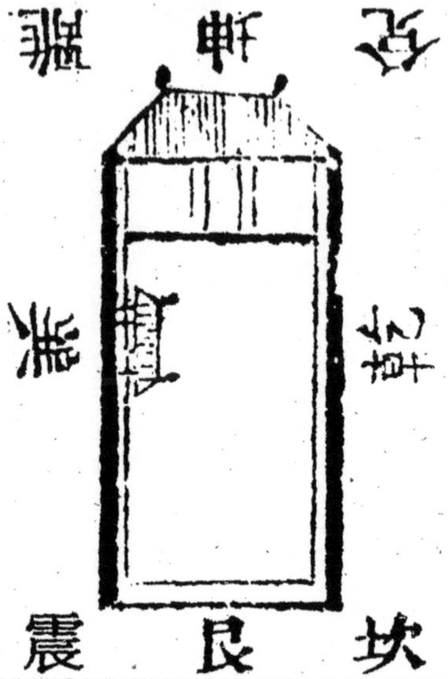

敗絕風狂多寡婦
後天純陰不相摩

坤宅離門氣偏頗
火土雖生非正科

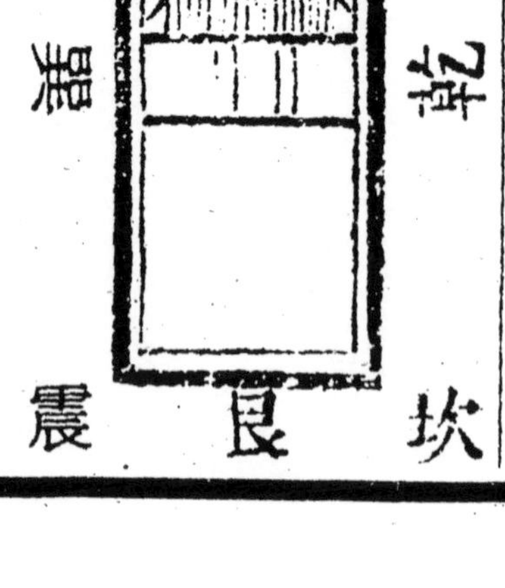

損丁敗財子孫少
寡婦當家女兒多

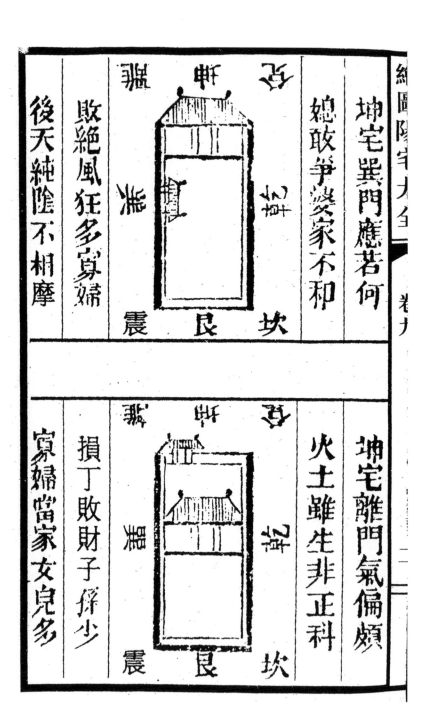

坤宅坤門不旺丁
父母豈能皆安寧

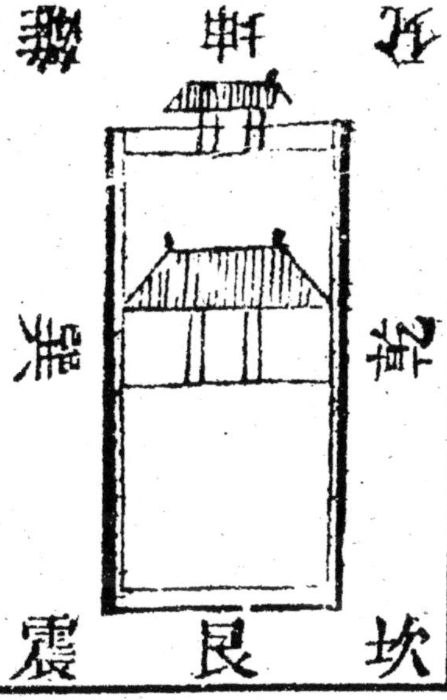

土盛尅水多虛症
家婦當家守孤燈

坤宅兌門
多女少男

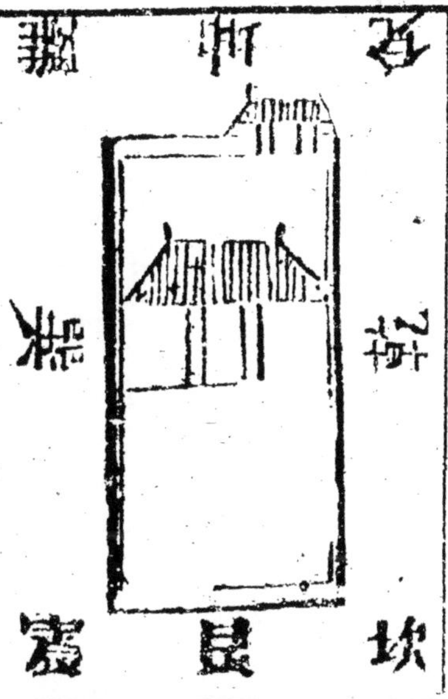

後天陰陽不相配
老母當堂壽百旬

以上八圖係坤宅八門應驗因陰陽老少之配明五行生尅之理吉凶禍福皆本八卦推斷每圖書一主一門者使人見之即曉不致混淆第宅舍形勢不同圖式之變難以悉載總以活看爲妙如遇前高後低有廂無正或作艮論或作乾巽論不可拘以地基坐坤而概爲坤宅也

坤宅九宮圖

坤坐坎宮土臨水
最喜庄隣近相比

若居村外無攔遮
投井落河離鄉鬼

坤坐坤宮土愈旺
庄舍朝護富貴樣

乾兌若無山林顧
純陰寡貧敗絶象

坤坐震宮土有刑
傷母損子業凋零

左舍乾兌能制木
富貴雙全凶不遑

坤坐巽宮土氣傷
婆媳守寡子孫亡

女兒當家忤逆婦
獨居村外有災殃

坤坐中宮土比和
日積月累富貴多

欲圖綿遠丁財旺
庄舍俱至宅前簷

坤坐乾宮地天泰
有丁有壽居村外

庄舍太近恐趄土
傷毋損子有災害

坤坐兌宮土得金
最畏震巽高星臨

乾兌有木宅前過
近田遠塚富可欽

坤坐艮宮土相逢
左心高昂凶宅雄

山水抱來發科第
富貴綿遠尋兌龍

坤坐離宮土欲焦
先發後敗婦女夭

含居村外丁財敗
乾兌相逢諸凶消

以上九圖論坤宅坐宮應驗皆從予親身閱歷得來大而推諸城邑小而推諸村鎮其合此者吉凶禍福不爽毫髮第方隅偏正不一高低大小各別幸無泥此活法活相也

坤宅按驗

坤宅艮門五間寬兩進院居村西北乾方大嶺村水俱到門首愚按此宅坤臨乾位金土逢生乾山環抱坤主得配可許富貴雙全父母俱壽巽離兌一帶臨水多女少男其家男單傳四世生女十二余合宅主改爲乾門案山秀麗陽水乾堂後來旺丁發科

坤宅離門四合頭院有南廂無北廂門外有閤水

路至門順閤而去居村西南懸拨此宅純陰無陽

男子多夭且離方閤勢向外門前水路離鄉又主

死不歸家婦女逃走余令宅主改成乾門修起北

廂後果平安

一坤宅巽門居村東南門正對路口路東有白衣閣

正沖其門約數十餘步懸拨此宅老陰少陽不配

木土相尅且路與門直來冲射是巽風吹鬼人室

也不惟多寡多女婆媳不和更主見神見鬼瘋狂

而死後換人住門改艮方始得安然

一青房坤宅艮門七間寬一進院居村西北宅後臨山隣房低小門外河水横流巽方開後門正對巽坑怨拔此學高出四隣不爲衆星所奪河抱門前形若玉帶之水坤艮比和宅體方正土臨金位乾星出頭定主師徒俱利科甲聯登但角門在巽水尅坤上門外有坑股見損傷又應師徒不利多生腿疾若將巽門壘住糞坑補平自得金吉後來果

驗

一坤宅兌門街房五間兩廂各三間主房二間愚拔
此宅應以艮主論艮宅兌門金土相生理宜丁財
俱旺但主氣不振難言綿遠後西隣修起主樓以
此宅論正居兌位土弱金旺欺主太甚其家一敗
如灰後換人住修起主房五間改成坤門富貴雙
全

一青房坤宅艮門居村東北地基甚高左右隣房低

小門外正對竹園相離約五尺餘懸挨此學內外形勢短促竹林遮蔽陽光且坤坐艮地先天純陰定主文人不利功名難成不得以高昂出衆概爲吉也衆徒隨將竹林盡去後來果得大吉

坤宅震門主房三間兩廂亦各三間無街房居村正北震方有隣樓甚高懸挨此宅坤入坎宮中男不利震門坤主主母無壽又震方孤高木尅坤土太甚又應長子不孝不義屢喪妻室余令宅門改

庚艮門取二土比和老母愛少子之義後果平安

一坤宅坎門無主房無西廂東廂二間樓房街房五間平房恩拔此宅應以巽主論巽宅坎門水木相生可許丁財俱旺但巽木過盛乾坤空缺父母難言有壽後來果不應

一坤宅坎門四合頭院主房街房各五間兩廂各三間居村西頭恩拔此宅坤土方變星宮偕美理應富貴但坤土去尅坎水中男宅主為夭折幸西方旺

相不至於絕其家果然前無西隣二門門少亡後有
西鄰二門反旺丁財衆稱余斷之奇
一武學坤宅震門宅體甚長居村正西乾方有隣樓
數座愚按此學士宅木體門犯曜煞雖有乾樓相
配而金氣過旺卯必爲禍理應師徒不利同宮不
睦且坤坐兌宮收盡震木之氣遇戌君卯酉冲動
更主傷股損骨命築宮事後來俱應
坤宅乾門主房正坐大山居村西南門外山水環

抱案山之外有文峯寶塔一座偏於右方愚按此宅坐山豐厚門前水環且寶塔居乾亥星出頭理應貴貴問之果然

一坤宅坎門門外正對井口井口之南有龍王廟一座愚按此宅門與井口正對龍神人宅主男女淫亂失目坤尅坎水井廟來迎又應中男癆疾死絕問之俱驗

坤宅震門門首低小主房七間係樓無廂房街房

居城正南愚按此宅攻數屬火火來生土震門屬木又來生火且坐離屬火又來生土是土盛木衰不能以剋土論理應老母壽高長子夭亡又西外無配孤鳳獨立更主小兒難養丁財俱無衆稱奇論之神

一坤宅艮門五間兌五進院西隣亦坤宅艮門五間兌五進院坐落村外西南愚按此宅東院富貴多男西院貧絕多女衆問其詳余曰東院收乾兌之

氣過盛金土相生故吉西院收巽離之氣過盛純陰無配故凶不可以圖式同類一例看之蓋方位形勢貴精研也

一坤宅兌門主房五間兩廂各三間無街坊坐落村西門外有一水坑一村之水盡歸坑內歷按此宅居村兌位金土相生門前收一村之水是然富貴綿遠但老母少女不配且有兌水臨門理應婦女當家多女少男間之俱驗

一坤宅兌門居村東南門外樹開甚大震巽內外俱
樓遇按此宅二木過旺剋土太甚長房不孝老母
多疾幸兌門來制震巽不至損傷但兌門坤主坤
坐巽宮後天俱係純陰又應多女少男婦女當家
眾爾余看之活

一店房坤宅兌門居城中心宅合地基較之街巷高
五尺餘門外對另係樓遇按此店地甚高爽且堅
一切定主敗財損丁門前係樓冠蓋土氣又應不

若宮牆且坤入中央四面分水更主同室不和外
傳辯訟鬪之累然

一坤宅艮門居村東北門外有廟一路廟之左右有
路兩旁至門首交往墨後此宅坤臨艮位土星得
令理應田產豐厚但門前兩路今沖正對廟煞是
艮風吹鬼入室定主見童雜養風狂吊縊亞發臨
門見神見鬼罪皆敬服

一坤宅艮門居城之東震方發出乾兌丙外條樓餘

一皆李愚房　此宅刊艮北和乾兌並旺定主發福
生財但金氣過盛尅盡木氣且震方安竈坤坐震
宮曳木之氣太甚理應長房絕門之俱應
一唐房坤宅艮門居村東北門前正對路口東房漸
高愚按此店門主坐落俱得北和門外地基漸漸
高昂收盡東北一帶朝水定主生意與隆財源茂
盛不可拘以水路衝射計論皆敬服
一坤宅巽門居村東南水順門　夫離方有樓愚按

此宅門主坐落俱係純陰且離樓高大冲動離卿桃花之水定主婆媳不和寡居淫奔其家果不可言

一市房坤宅巽門居街正中門前地勢起脊水路兩分愚按此鋪坤去兌坎壬水不旺坐落街中兌坎太甚上喪小口多因吐血且門前起脊水分兩路又廢財產漸消同事不和閒之皆驗

一坤宅巽居城東南震巽內外有樓乾方空坎缺惡

按此宅婆媳不和丁財不旺宅主無壽長房忤逆人問其詳余曰巽不來尅坤土震木相助爲禍乾金空缺不能以制震巽且坤坐巽宮後天俱係純陰故以此論

兑宅八門圖

兌宅乾門女兒多
發福生財金比和

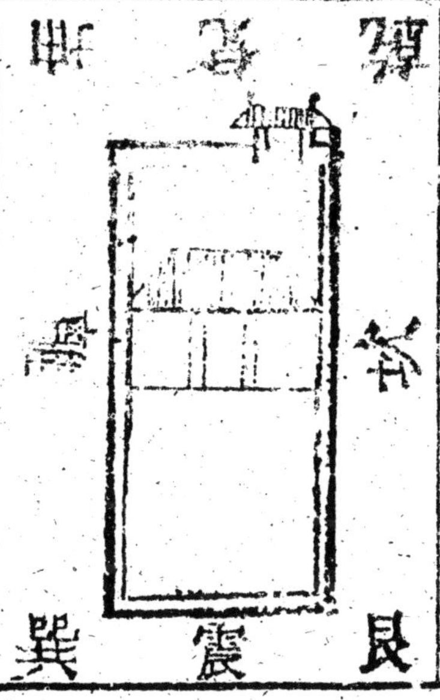

先天同體非正配
娶妾生子僅一柯

兌宅坎門配不倫
敗財缺丁禍來侵

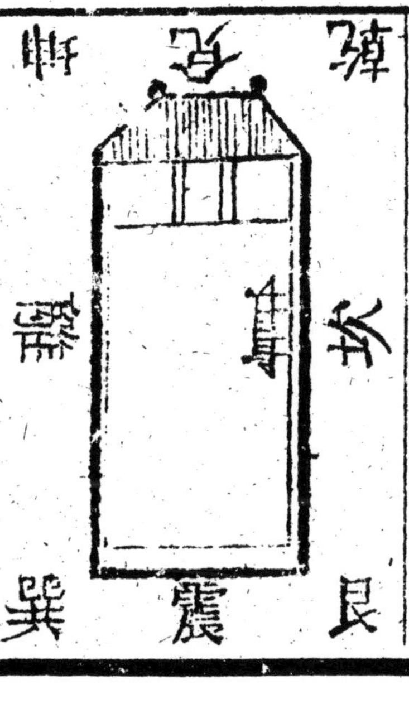

吐血勞疾遊蕩子
官事口舌水傷身

兌宅艮門子孫榮
發富發貴有聲名

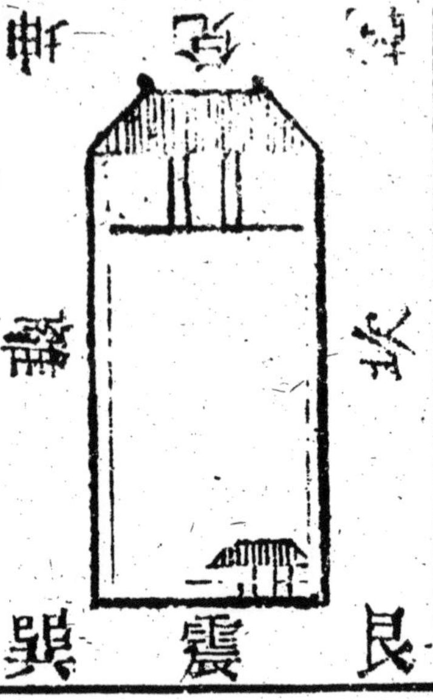

可見陰陽相配處
福祿綿綿自天成

兌宅震門絕長房
丁財日日漸消亾

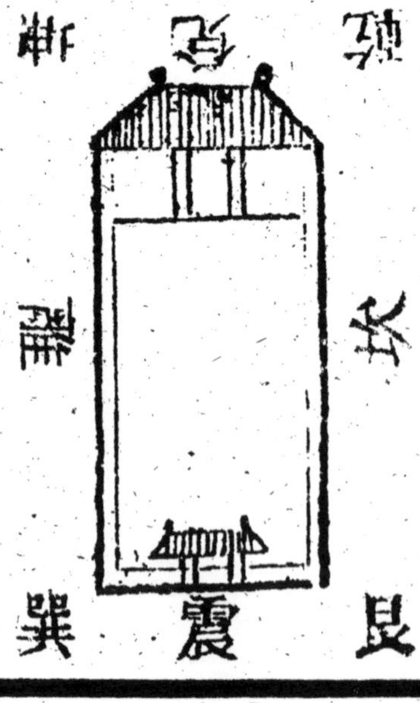

又主義子專權勢
只爲金去尅太忪

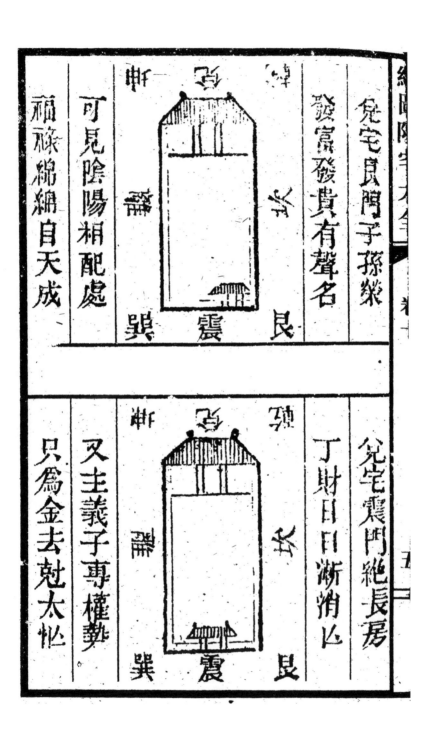

兌宅巽門長婦殃
損子刑妻少年亾

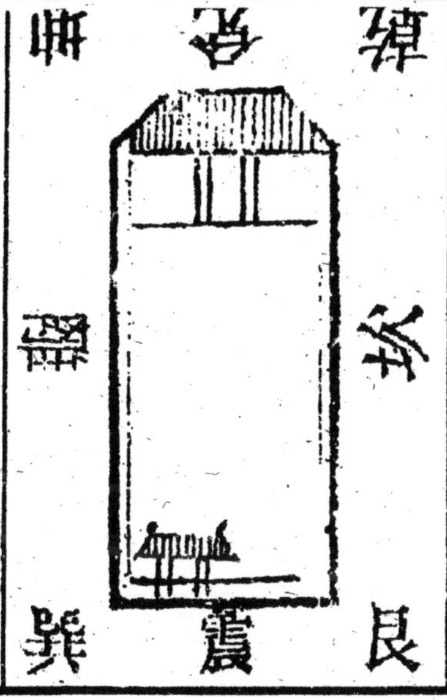

金木相剋婦持政
妯娌不和難安康

兌宅離門多敗財
妯娌爭競六畜衰

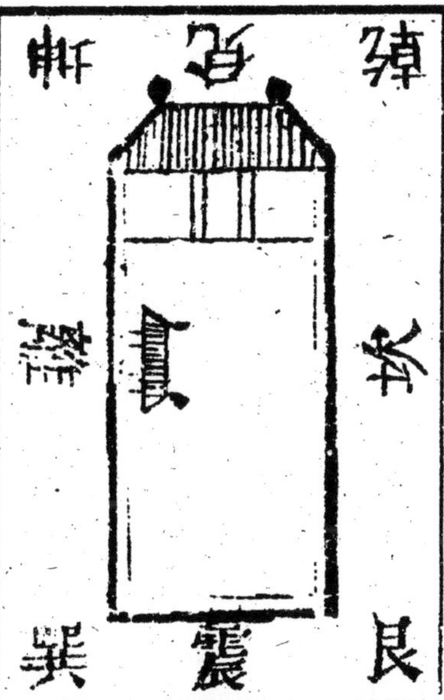

損子刑妻並產厄
吐血吊縊兼火災

兌宅坤門亦吉祥
婆媳慈孝福祿昌

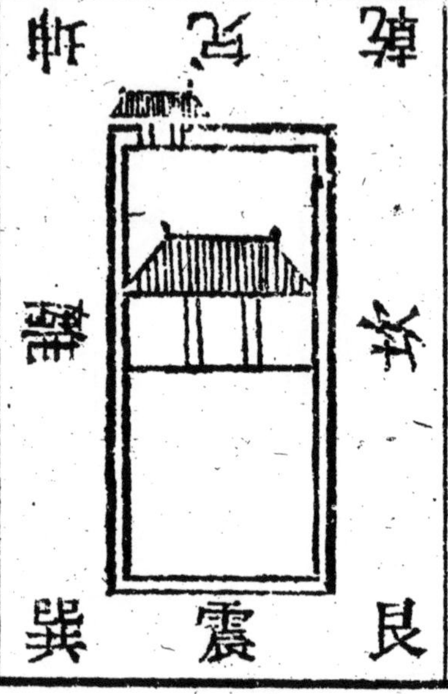

相生只是陰過盛
理應多女少兒郎

兌宅兌門美不全
催富催貴不旺男

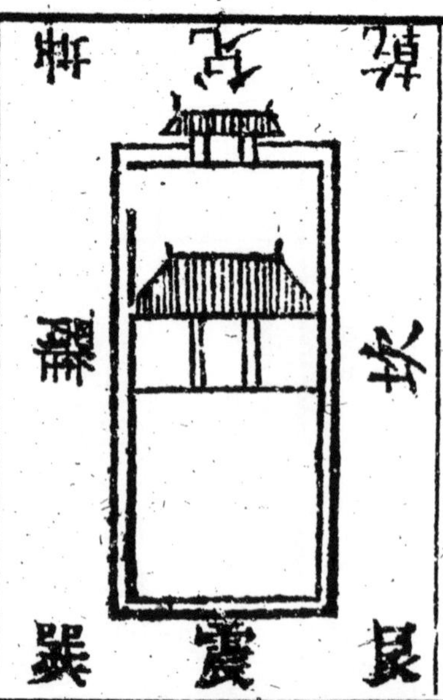

多生女子資色美
婦人當家獨持權

以上八圖係兌宅八門應驗因陰陽老少之配明五行生尅之理吉凶禍福皆本八卦推斷每圖書一主一門者使人見之卽曉不致混淆第宅舍形勢不同圖式之變難以悉載總以活看爲妙如遇前高後低有厢無正或作震論或作坎離論不可拘拘以地基坐兌而概爲兌宅也

兌宅九宮圖

兌坐坎宮金臨水
敗財傷丁虛勞鬼

先喪少婦繼中男
走舍稍遠方爲美

兌坐坤宮金逢生
富貴莫加女賢名

艮方村鎮來扶助
綿綿瓜瓞旺人丁

兌坐震宮木受刑
金被耗傷亦不寧

巽	離	坤
震	中	兌
艮	坎	乾

總然富貴多孤單
艮起高星旺人丁

兌坐巽宮金木傷
妯娌不和有災殃

巽	離	坤
震	中	兌
艮	坎	乾

城邑在乾陽氣盛
嬌姜美女缺兒郎

兌坐中宮金得當
武將封侯交拜相

富貴綿遠何處求
四水歸堂艮方旺

兌坐乾宮金同科
庄舍太旺姦女多

欲裔富貴丁則人
還要乾兌陳世坡

兌坐兌宮金比和
最忌城邑欺壓多

宅畔巢居龍旺地
可誦太平富貴歌

兌坐艮宮金逢土
兄弟聯登文共武

庄舍臨宅業興隆
乾水過門富貴府

兌坐離宮金氣消
婦女損傷病多勞

倘能收盡村中水
子孫富貴稱英豪

以上九圖論兌宅坐宮應驗皆從予親身閱歷得來大而推諸城邑小而推諸村鎮其合此者吉凶禍福不爽毫髮第方隅偏正不一高低大小各別幸無泥此活法活相也

阳宅大全卷十终

國家圖書館出版品預行編目資料

繪圖陽宅大全／上海會文堂書局輯編. -- 初版. -- 新北市：華夏出版有限公司, 2024.08
面；　公分. --（傳世經典；029）
ISBN 978-626-7393-94-9（平裝）
1.CST：相宅

294.1　　113008420

傳世經典 029
繪圖陽宅大全

輯　編　上海會文堂書局
出　版　華夏出版有限公司
220 新北市板橋區縣民大道 3 段 93 巷 30 弄 25 號 1 樓
電話：02-32343788　傳真：02-22234544
E-mail：pftwsdom@ms7.hinet.net
印　刷　百通科技股份有限公司
電話：02-86926066　傳真：02-86926016
總經銷　貿騰發賣股份有限公司
新北市 235 中和區立德街 136 號 6 樓
電話：02-82275988　傳真：02-82275989
網址：www.namode.com
版　次　2024 年 8 月初版一刷
特　價　新台幣 420 元（缺頁或破損的書，請寄回更換）

ISBN-13：978-626-7393-94-9